Modern Russian 2
Workbook

Clayton L. Dawson

A Division of Jeffrey Norton Publishers
Madison, Connecticut

This reprinted version of Modern Russian 2 Workbook has been produced by Audio-Forum, a division of Jeffrey Norton Publishers, with the permission of the original publisher.

Modern Russian 2 Workbook

Copyright © 1986 by Georgetown University Press.
All rights reserved.

No part of this publication may be reproduced, stored in a retrieval system, or transmitted, in any form or by any means, electronic, mechanical, photocopying, recording or otherwise, without prior written permission of the publisher.

ISBN: 0-87840-194-6

Printed in the United States of America.

CONTENTS

Preface v

Lesson 19 1
Lesson 20 10
Lesson 21 20
Lesson 22 30
Lesson 23 40
Lesson 24 48
Lesson 25 56
Lesson 26 66
Lesson 27 75
Lesson 28 86
Lesson 29 95
Lesson 30 105
Lesson 31 116
Lesson 32 126
Lesson 33 136
Lesson 34 146
Lesson 35 158
Lesson 36 168

PREFACE

The *Modern Russian 2 Workbook* provides exercises which may be used both for written homework assignments and also for classroom work. Those familiar with the *Modern Russian 1 Workbook* will note some major differences in the present work. The questions to the conversations are given in English, rather than in Russian, and the student must first translate them into Russian before answering them. Brief answers are suggested, reflecting the situation in real life where full answers are the exception rather than the rule.

For each lesson there is an additional variation drill, one to cover each of the two conversations and supplements. Questions on the reading passages have been placed earlier in the *Workbook* on the assumption that this material (which appears at the very end of each lesson in the textbook) will be covered fairly early in the lesson.

The paraphrase of the conversation has been completely eliminated to make room for additional exercises based on the Structure and Drills sections. Individual instructors may wish to assign the writing of a paraphrase directly on the basis of the conversations without the intermediate step of English to Russian translation.

Halfway through the second year *Workbook*, beginning with Lesson 28, the English-Russian translation based on the Basic Sentence patterns has also been eliminated.

New vocabulary has occasionally been introduced in the *Workbook* and is normally glossed if the meaning is not completely obvious. As the lessons progress, there is an increasing amount of footnoted material of a cultural nature, e.g., names of Russian writers, geographical place names.

In general, it is assumed that the instructor using the *Workbook* will not feel obliged to cover every exercise, but will pick and choose those exercises felt to be most pertinent. In my own use of the materials over five years of field testing at the University of Illinois, I have often done half of an exercise in class and assigned the remaining half for home preparation, e.g., odd-numbered items in class and even-numbered items at home. In the directions accompanying the variation drills I have eliminated the requirement that they also be translated into English. Individual instructors wishing more Russian-to-English translation can easily add this task.

All errors in grammar, stylistics, or typography are the complete responsibility of the author, who welcomes comments from users.

LESSON 19

Exercise 19.1 Translate the questions into Russian and then supply brief answers. In sentences with asterisks the subject (underscored) goes at the end of the clause or sentence.

1. What was N. N. doing at the airport? (Н. Н. = Николай Николаевич, И. И. = Иван Иванович. In these two exercises, use the abbreviations given here for N.N. and I.I.)
2. Where did his wife fly off to and to visit whom?
3. Where is I. I. planning to fly and and for what purpose (why)?
4. According to the schedule when was I. I.'s plane supposed to depart?
5. By how many minutes will the plane be late?*
6. What time was it according to N. N.'s watch?
7. What did I. I. say about his own watch?
8. What time was it according to the clock on the wall?
9. Where did they decide to drop in?
10. Why wouldn't I. I. mind having a bite (snack)?
11. What did they order at the snack bar?
12. Why couldn't they order vodka?
13. Where do you usually eat breakfast?
14. How much is (lit. will be) fourteen and sixteen?*

Exercise 19.2 Follow the same procedure as in the preceding exercise.

1. Why did I. I. begin to worry on the plane? What couldn't he find?
2. Where had he put the folder, under the seat?
3. Who helped him look for the folder?
4. Does he seriously believe that spies stole the folder?*
5. Does the stewardess think that he's out of his mind?
6. Where did they finally find the folder?
7. Where had the folder fallen to?*
8. What is I. I. carrying in the folder?
9. What advice did the stewardess give him?*
10. Where does he usually hide such important papers?
11. Do you ever have a headache? (когда-нибудь 'ever')
12. Where do you usually put your keys, in your pocket or in your purse? (Omit possessive modifiers.)

Exercise 19.3 Variation drill. Rewrite the sentences, replacing the items underscored with the items in slashes. In the process, make any necessary additional grammatical changes to other items in the sentence. Model: Куда вы обычно кладёте ключи, в карман или в сумочку? /прятать, деньги, ящик + стол, шкаф/ Куда вы обычно прячете деньги, в ящик стола или в шкаф?

1. Вы летите в Москву? -Нет, мы едем туда на автобусе. /Ты, Киев, я/
2. Он провожал жену на самолёт. /Жена, муж, станция/
3. Она только что улетела в Киев, к родным. /Одесса, родители/
4. Я сейчас лечу в Горький. /никогда не, летать/
5. Меня посылают туда на месяц. /Её муж, неделя/
6. Мой самолёт отправляется в десять двадцать. /9:30/ (In this exercise and in all Workbook exercises

containing numbers, you are expected to write out the number(s) fully.)

7. По расписанию самолёт должен был отправиться в десять двадцать. /поезд, 11:40/
8. В справочном бюро мне сказали, что самолёт опоздает на сорок минут. /касса, поезд, 25/
9. По моим часам сейчас без четверти одиннадцать. /ровно 12:00/
10. По моим часам сейчас ровно одиннадцать. /уже 11:45/
11. Мои часы спешат на пятнадцать минут, а ваши часы оказались правильными. /отставать, 2/
12. Утром я так торопился, что не успел позавтракать. /Вечером, она, прочитать + газета/
13. Не хотите ли зайти в буфет чего-нибудь выпить? /ресторан, закусить/
14. Давайте закажем какую-нибудь закуску и пива. /Я не прочь + infin., вино/
15. Давайте выпьем за приятную встречу. /наше будущее/
16. Кто его встречает на вокзале? /станция/
17. Мы обычно завтракаем дома. /Мой сын, столовая/
18. Она пригласила меня на завтрак. /Мои друзья, вечеринка/
19. Мы уже прошли восемнадцать уроков. /скоро + fut., 19/

Exercise 19.4 Variation drill. Rewrite the sentences, replacing the items underscored with items in slashes, making any necessary grammatical changes in the process. This exercise is based on the second conversation and its supplement.

1. Мы вернулись в Москву на самолёте. /Она, из/
2. Кажется, чего-то не хватает. /Боюсь, что: бумажник/
3. Куда вы поставили чемоданчик? /положить, папка/
4. Я не вижу своей папки. /Я, кажется, потерял/
5. Папка была на полке над головой. /пол, под, сиденье/

4 / Modern Russian 2: Workbook

6. Шпионы украли мои документы. /Кто-то, бумажник/
7. Я, конечно, шучу. /Ты, вероятно/
8. Куда эта папка исчезла? /важные бумаги/
9. Папка упала за ваше сиденье. /лежать, под/
10. Я в самом деле начал беспокоиться. /вообще никогда не/
11. Он везёт в этой папке довольно важные бумаги. /Вы, чемоданчик, документ/
12. В другой раз прячьте вещи в чемодан. /класть, сумка/
13. Боюсь, что кто-нибудь украдёт мою сумку. /взять, шляпа/
14. Кто-то из ваших товарищей звонил. /друзья, заходить/
15. Кто-нибудь звонил? /приходить/
16. Положи хлеб в свою сумку. /Спрятать, эта вещь, чемоданчик/
17. Спрячь твои ключи в ящик письменного стола. /твоя сумочка/ (письменный стол 'writing table, desk')
18. Куда он исчезает по субботам? /исчезнуть + past, вчера вечером/
19. Я вас повезу за город после обеда. /Мы, в, завтрак/
20. У меня болит голова. /она, спина́/ (спина 'back, spine')

Exercise 19.5 Read the passages on pp. 504-505 and then translate them into idiomatic English. In addition, make up five questions of your own to each of these passages and answer them briefly. Both questions and answers must be in Russian.

Lesson 19 / 5

Exercise 19.6 Study the material in the first two Structure and Drills sections on pp. 493-498. Answer the questions briefly according to the given model.
Model: Она что-нибудь купила в ГУМе? —Да, что-то.

1. Ваш сын чего-нибудь боится?
2. Она о чём-нибудь беспокоится?
3. Кто-нибудь звонил?
4. Она чем-нибудь больна?
5. Внктор с кем-нибудь не согласен?
6. Ваша дочь чем-нибудь недовольна?
7. Кто-нибудь её провожает на вокзал?
8. Ты о ком-нибудь думаешь?
9. Он кому-нибудь помогает?
10. Они куда-нибудь отправляются?
11. Вы когда-нибудь были во Владивостоке?
12. Он почему-нибудь не хотел прийти?
13. Анатолий где-нибудь устроился на хорошее место?
14. Отец и сын как-нибудь договорились?
15. Бабушка куда-нибудь торопится?

Exercise 19.7 Choose the correct form and then translate the entire sentence into English. Note that sometimes, but not always, the distinction between -нибудь and -то can be brought out in the English rendering.

1. В углу стоял ... (какой-нибудь/какой-то) старый шкаф.
2. Она ... (почему-нибудь/почему-то) не хочет прийти на вечеринку?
3. Уборщица нашла ... (чьи-нибудь/чьи-то) ключи под диваном. (диван 'sofa, divan')
4. Володя ... (как-нибудь/как-то) получил на экзамене пятёрку. (пятёрка 'an A')
5. Давай зайдём в буфет ... (чего-нибудь/чего-то) закусить.
6. Кажется, ... (чего-нибудь/чего-то) не хватает. Ага, бумажника нет!
7. Подождите! ... (Кто-нибудь/Кто-то) украл мою сумку!
8. Кстати, ... (кто-нибудь/кто-то) из моих друзей звонил?

9. Они встретились ... (где-нибудь/где-то) в городе.
10. Что было на завтрак в столовой? ... (Какая-нибудь/Какая-то) каша.
11. Муж приехал домой с ... (кем-нибудь/кем-то) из справочного бюро.
12. Она ... (что-нибудь/что-то) пела? –Да, ... (какую-нибудь/какую-то) песню Рахма́нинова.
13. Вы ... (когда-нибудь/когда-то) были в Горьком? –Нет, никогда.
14. Она ... (как-нибудь/как-то) достанет денег, может быть завтра.
15. Дедушка положил ваши вещи ... (куда-нибудь/куда-то) в гараж. (гараж 'garage')

Exercise 19.8 Translate the sentences into Russian.

1. Is anybody driving to the airport?
2. Somebody phoned from the office.
3. Have you ever been to the Soviet Union? (Сове́тский Сою́з)
4. Someone's knocking.
5. Is she afraid of somebody?
6. Give him something (or other) to drink. (Use partitive genitive.)
7. Drop in on us anytime (sometime or other).
8. Did anyone phone from the office?
9. She's unhappy (dissatisfied) with something (or other).
10. Where's your sister? -She went somewhere.
11. Did the director talk about anything interesting at the meeting?
12. What's that lying on the floor? -Somebody's wallet.
13. Mother now lives somewhere not far from Kiev.
14. Are you going anywhere (somewhere or other)?
15. She's kind of cold (unfeeling).

Exercise 19.9 Study the section on pp. 498-500, the two prepositions (за and под) that may take either accusative or instrumental depending on whether a change in position is involved or not. Then choose the correct form of the bracketed noun and, finally, translate the sentences into English.

1. /шкаф/ Где уборщица нашла эти деньги, за ...?
2. /сиденье/ Кажется, ваша папка упала за ...
3. /дверь/ Поставь твой чемодан за ...!
4. /угол/ Наша машина стоит за ...
5. /деревья/ Тут очень жарко. Пойдём под ...!
6. /стол/ Где билеты? Ах, вот они под ...
7. /угол/ Поставь машину за ...!
8. /дерево/ Весной я люблю сидеть под ... и читать роман.
9. /стол/ Твой платок упал под ...
10. /озеро/ Их дача вон там за ... (да́ча 'summer cottage')

Exercise 19.10 Study the section on closed-stem verbs in your textbook, pp. 500-502, and then complete the sentences, supplying the past tense forms of the verbs in slashes.

1. /помочь/ Тётя Вера нам ..., когда у нас не было никаких денег.
2. /повезти/ Его отец ... нас на аэропорт.
3. /класть/ Мама раньше ... деньги в этот ящик.
4. /испечь/ Кто ... эти вкусные булочки? —Их ... моя соседка.
5. /принести/ Бабушка ... нам два пирога с грибами.
6. /украсть/ Кто-то ... все его документы.
7. /расти/ С каждым днём ... эти деревья.
8. /печь/ Вчера весь день моя жена ... хлеб.
9. /упасть/ Вот ваше письмо на полу. Оно ... со стола.
10. /мочь/ Ночью было так жарко, что мы не ... спать.
11. /красть/ Хотя у нас не было денег, мы никогда не ...

12. /ползти, уползти/ Какая-то длинная змея ... тут в траве, но наконец ... и исчезла. (наконéц 'finally')

Exercise 19.11 Supply the nonpast forms (present or pfv fut) of the verbs in slashes and then translate the sentences into English.

1. /класть/ Она всегда ... старые газеты в гараж.
2. /принести/ Подождите минутку! Я вам ... стакан пива.
3. /расти/ Такие деревья ... довольно медленно.
4. /украсть/ Надя боится, что кто-нибудь ... её сумку.
5. /испечь/ Завтра утром Валя ... нам пирог с грибами.
6. /помочь/ Мы потеряли все деньги и никто нам не ...
7. /упасть/ На улице очень скользко 'slippery'. Боюсь, что ты ...
8. /пропасть/ Эти два года пройдут быстро, время не ... даром.
9. /красть/ Мама! Коля ... кусок торта!
10. /повезти/ Дядя Алёша ... тебя домой. У него есть машина.
11. /ползти/ Что-то ... тут в траве. Ай! Какая длинная змея!
12. /везти/ Вы ... в этом портфеле довольно важные бумаги.
13. /класть/ Ты ... в суп слишком много соли. (соль f. 'salt')
14. /печь/ Каждую среду наша соседка ... хлеб.
15. /помочь/ Этот чемодан очень тяжёлый 'heavy'. Подожди, я тебе ...

Exercise 19.12 Study the section on telling time, pp. 502-504, and then translate the sentences into idiomatic Russian, writing out all numbers in words.

1. What time is it? (two ways)
2. It's already two o'clock.
3. According to my watch it's already four.
4. My watch always runs (goes) fast.
5. According to the clock on the wall it's almost eleven o'clock.
6. At what time did she arrive from Moscow? -At six o'clock.
7. (At) what time does the plane depart, at eight? -No, at 8:45.
8. I must return to the office at one o'clock.
9. You have plenty of time, it's now quarter to one.
10. The clock on the wall is ten minutes fast.
11. At what time are you leaving for Kiev? -At 6:45.
12. My watch is slow by five or six minutes.

Exercise 19.13 Study the Basic Sentence Patterns (BSP) on pp. 491-493. Then translate the following sentences into idiomatic Russian, using the given constructions insofar as possible.

1. It takes less than an hour to drive to the airport. (See note 1 on p. 491.)
2. My plane departs in 20 minutes, at three o'clock.
3. I leave on business (assignment) at eleven.
4. According to my watch, it's exactly nine o'clock.
5. Your watch is five minutes fast but mine is correct.
6. My wife and I are leaving for Leningrad to spend (for) two weeks.
7. I often visit my parents at the kolkhoz.
8. What was for dinner at the dining hall? -Some kind of fish.
9. Where shall we drive to after dinner? -Somewhere out of town.
10. Did anyone come to see me? -Yes, someone from the information desk.

11. Where did you hide (pfv) the wine? -Behind the door.
12. Where did Natasha disappear to? -She went somewhere, probably to the snack bar.
13. Won't you (fam.) have a bite with me? -Thank you, I've no time. I'm rushing to catch a train.
14. I wanted to find out the schedule, but there was a long line in front of the information desk and I was afraid I'd miss (be late for) the plane.
15. I always have lots of time, but never have enough money.
16. Did you check the documents of these tourists? -I'll be sure (обязательно) and check them after breakfast.
17. It turned out that he didn't have a passport (па́спорт) and he had to return to the U.S.
18. Are you worried about something (anything)? -Yes, I'm worried about something. -Don't worry!
19. Where's my ticket? I hid it somewhere and can't find it now. -It's probably in your pocket.
20. I was afraid that someone had stolen my wallet. I had forgotten, that I hid the wallet in my briefcase.
21. Why do you put so much sugar in the tea? -Tea without sugar is like life without love.

LESSON 20

Exercise 20.1 Translate the questions into Russian and then answer them briefly in Russian. Sentences with asterisks should have the underscored subject at the end.
1. Which one (Who) of them is still lying in bed, Vitya or Tolya? (крова́ть f. 'bed')
2. Where does Vitya suggest going so early in the morning?
3. Why won't they be working today?
4. What is Tolya worried about?*

5. What did they say (announce) on the radio?
6. What are hard to believe?
7. Why did they nevertheless decide to go?
8. Where will they be fishing?
9. Who at that place recently caught several (fish)?
10. Why does Tolya envy Boris?
11. Why does Tolya think that Boris has all the luck (is generally lucky)?
12. What do we know about his father?
13. If they invite Boris along, what will they be able to do?
14. If they don't catch any fish, why won't they go hungry (starve to death)?
15. Where will they bake potatoes?
16. If Vitya brings (takes) potatoes along, what will Tolya bring?*
17. Do you ever eat mushrooms?
18. Do you ever fish?

Exercise 20.2 Translate the questions into Russian and then answer them briefly in Russian. Sentences with asterisks should have the underscored subject placed at the end of the clause or sentence.

1. How was the weather, cold or hot?
2. What did Borya want to do?*
3. Why didn't Vitya want to bathe yet? (Use ipfv infinitive.)
4. How many fish had Vitya caught, and how many had Tolya?**
5. Who didn't want to fish anymore?
6. Where will they jump into the water from?
7. Which (Who) of them still doesn't dive (jump) very well?
8. What did Vitya say after he jumped into the water? ('After,' the conjunction, is после того, как)
9. How was the water, warm or cold?
10. Who swims faster, Borya or Tolya?
11. Where will Tolya and Vitya swim to?*
12. What did Tolya suggest to Vitya?

13. If Tolya loses, what will he hand over (give) to Vitya?
14. If Vitya wins, what will he get (receive) from Tolya?
15. Which of them in the end (finally) did win, Tolya or Vitya?
16. When did you get up this morning?
17. Do you know how to swim?
18. Who taught you to swim?
19. What country does the USSR want to overtake and surpass?*
20. Do you ever argue with friends?

Exercise 20.3 Variation drill. Rewrite the sentences, replacing underscored items with the ones in slashes, making any necessary grammatical changes in the process.

1. В выходной день я поеду на реку рыбу ловить. /суббота, озеро, купаться/
2. Отец обычно встаёт в шесть часов, а я встаю в восемь. /Мы, дети/
3. Раньше отец вставал в шесть, а я вставал в семь. /мама, 5, дети/
4. По телевизору передавали, что будет солнце. /радио, дождь/
5. Этим предсказаниям трудно верить. /Такие объявлления, легко, забыть/
6. Давай будем ловить на старом месте, возле моста. /купаться, новый, рядом с/
7. Там Борис на днях несколько штук поймал. /прошлая неделя, 4, рыба/
8. Я не завидую ему. /раньше, + прош. (this abbreviation stands for Прошедшее время 'past tense', i.e., use the past tense form of the underscored verb, Борис)/
9. Нам вообще везёт. У нас своя дача и лодка. /Они, они, машина/
10. Его отец известный учёный. /сестра, балерина/

11. Давай пригласим Борю с собой. /лучше не будем + несов. вид/ (Use the ipfv form of the verb in this negative suggestion. Несовершенный вид = imperfective aspect.)
12. Мы сможем покататься на его лодке. /вчера, + прош., машина/
13. И обязательно возьмём с собой чего-нибудь поесть. /купить, себе, выпить/
14. Даже если мы ничего не поймаем, то не умрём с голоду. /вы/
15. Я возьму картошки и хлеба, а ты - чаю и сахару. /купить, колбаса, огурцы, пиво/
16. Весь день сегодня идёт дождь. /вчера, + прош./
17. По радио передавали, что завтра будет солнце. /телевизор, снег/
18. Вы едите грибы? /Ты, чёрный хлеб/
19. Она съела весь пирог. /Дедушка, пирожки/
20. Тут осталось немного картошки. Съешь её! /торт, он/

Exercise 20.4 Variation drill. Rewrite the sentences, replacing the underscored items with the ones in slashes and making any necessary grammatical changes in the process.

1. Давайте поспорим! /не будем + несов вид/
2. Ну и жара! Хорошо бы выкупаться! /Давайте, покататься на лодке/
3. Было бы стыдно идти назад с пустыми руками. /на + вечеринка/
4. Я всего одну несчастную рыбу поймал. /только, 2, небольшой/
5. Давайте прыгать с моста. /Мы + мочь, берег/
6. Ребята, хватит уже, давайте покатаемся на лодке! /с меня довольно, выкупаться/
7. Толя ещё не очень хорошо умеет прыгать в воду. /Дети, плавать/
8. Отец научил меня плавать. /Бабушка, отец/
9. Вода тёплая. /+ становиться, холодный/
10. Я плыву к тебе. /Он, другой берег/

14 / Modern Russian 2: Workbook

11. Ты плаваешь быстрее, чем я. /Я, лучше, ты/
12. Давай поплывём к берегу. Посмотрим, кто кого перегонит. /лодка, узнать/
13. Если ты выиграешь, я отдам тебе пятьдесят копеек. /я, ты, я/
14. Если я проиграю, то отдам ему пять рублей. /ты, ты, я, 2/
15. Сегодня я встал поздно, в девять часов. /Завтра + буд., рано, 6/[1]
16. Где вы катались на лодке, на реке? /мы, + буд., озеро/
17. Говорят, что он прыгнул с моста. /Боюсь, + буд., крыша/ (крыша 'roof')
18. Он научил меня плавать. /свой товарищ по комнате, играть в шахматы/
19. Всем известно, что Ольга Петровна выходит замуж. /Никто не знал, Одя уже, + прош. сов. вид/[2]
20. У нас в библиотеке полное собрание сочинений Пушкина. /я, дома, Толстой/
21. Как тебе не стыдно! Ты не умеешь играть в шахматы! /вы, вы/
22. СССР хочет догнать и перегнать США. /никогда не + буд./[3]

Exercise 20.5 Read the passages on pp. 530-531 and then translate them into idiomatic English. In addition, make up five questions of your own in Russian and answer them briefly, again in Russian.

---

1. Буд. = будущее время (future).
2. Сов. вид = совершенный вид (pfv aspect).
3. In sentence 22 (Exercise 20.4), omit the verb 'to want' and supply instead the pfv fut forms of the two verbs given in their infinitive form.

Exercise 20.6 Study the section on the verbs meaning 'to eat', pp. 518-520. First supply all the forms (past, future, and imperative) of the pfv verb сьесть. Then complete the sentences, bearing in mind that when a specific meal is mentioned you cannot use the general verbs for 'to eat' plus the noun, but must use the special verbs, e.g., завтракать, обедать.

1. Вы ничего не ... (are eating). Пожалуйста, ... (eat!)
2. На ... (breakfast) мы обычно ... (eat) кашу и ... (drink) чай.
3. По утрам я ... (eat) хлеб и ... (drink) кофе.
4. Мы ещё не ... (ate). Что сегодня на ... (lunch) в ... (dining hall)?
5. Мой муж не ... (hungry). Он, наверно, ... (ate, pfv) где-то в городе.
6. Тебе хочется ... (to have a bite)? —С удовольствием! Я ... (will eat) немного хлеба с колбасой.
7. Рыбы нет. Кошка ... (ate up) всю рыбу. (кошка 'cat')
8. Мы только что ... (ate dinner, pfv)
9. Вы ещё не ... (ate breakfast)? —Нет ещё.
10. Надя, ты почему не ... (are eating)? —Я не ... (hungry), я ... (will eat, pfv) немного позже.
11. Американцы, говорят, ... (eat) слишком много мяса.
12. После того, как мы ... ((will) eat (up)) этот пирог, мы пойдём в парк.

Exercise 20.7 Read the section in your textbook on the use of the 'partitive' genitive on pp. 520-521 and then complete the following sentences. Do not use a separate word to translate English 'some'.

1. Дай мне ... (some wine).
2. Дай мне ... (the wine).
3. Нарежь, пожалуйста, ... (the cucumbers).
4. Нарежь ... (some cucumbers).
5. Выпьем ... (some vodka).
6. Виктор выпил ... (all the vodka).

7. Передай мне ... (the potatoes).
8. Возьми себе ... (some potatoes).
9. Принеси нам ... (some sugar).
10. Передай нам ... (the sugar).
11. Поешьте ... (some bread)
12. Петя съел ... (all the bread).
13. Возьмите с собой ... (some warm shirts).
14. Возьмите с собой ... (these warm shirts).

Exercise 20.8 Read the section on negative pronouns and adverbs, pp. 521-523. Then rewrite the sentences, changing them from affirmative questions to negative ones as in the model. Model: Вы <u>что-нибудь</u> делаете? 'Are you doing anything?' Вы <u>ничего не</u> делаете? 'Aren't you doing anything?'

1. Кто-нибудь звонил?
2. Вы что-нибудь поймали?
3. Кто-нибудь приходил, когда я был в городе?
4. Вы с женой о чём-нибудь спорили?
5. Ваша дочь чего-нибудь боится?
6. Ты с кем-нибудь тут знаком?
7. Она к кому-нибудь обращается?
8. Вы как-нибудь можете достать билеты?
9. Вы когда-нибудь были в Советском Союзе?
10. Она с кем-нибудь договорилась?
11. Они куда-нибудь собираются поехать?
12. Ваш сын где-нибудь работает?
13. Он чем-нибудь интересуется?
14. Она кого-нибудь провожала на самолёт?

Question: Did you remember to use a double negative in your sentences?

Exercise 20.9 Translate the following sentences, making sure to use a double negative in nonaffirmative sentences. The second negative can only be omitted in one-word negative replies, e.g., 'never!' 'nowhere', etc.

1. What does she do? -Nothing.
2. She never does anything.
3. We've never been to the USSR.
4. There's no one here.
5. Have you ever been to Odessa? -No, never.
6. Didn't he dance with anybody?
7. She didn't talk about anything <u>or</u> anybody. (Use и for the conj.)
8. I wasn't expecting anybody.
9. Do you see a taxi anywhere? -No, nowhere.
10. My son is interested in nothing and never goes anywhere.
11. Does your daughter write to anybody? -No, to nobody.
12. Nobody knows where Eugene is now living.
13. He fears no one and doesn't worry about anything.
14. Did she phone anyone? -No, no one.
15. He knows something, but says nothing.

Exercise 20.10 Study the sections on весь 'all' and один 'one' on pp. 524-527, and then complete the sentences as indicated.

Part A: весь
1. Вы видели ... фильм?
2. Мы ... утро спорили об этом фильме.
3. Вы долго там будете? - ... неделю.
4. Кого нет? - ... в сборе.
5. Об этом скандале говорит ... школа.
6. Профессор Никитин доволен ... студентами.
7. Боюсь, что она ... студентам об этом скажет.
8. Ну как, ... в порядке?
9. Директор спрашивал обо ... плане.
10. У ... туристов болят ноги. Они ... устали.
11. С кем он спорил? —Со ....
12. Я ещё не видел ... расписаний.

Part B: один

1. Товарищ Горбачёв ... это решил.
2. Я говорил с ... бортпроводницей.
3. Профессор Н. недоволен ... студентом и ... студенткой.
4. Считайте от ... до десяти.
5. Мы на ... курсе, но мало знакомы.
6. Сколько у тебя часов? -Только ....
7. Билет в Ленинград стоит двадцать ... рубль сорок ... копейку.
8. Сколько у тебя сумок? -Только ....
9. Тётя Мария живёт ... в этой большой квартире.
10. Она взяла чемодан в ... руку, а портфель в другую.
11. Сколько сочинений вы уже написали? -Только ....
12. Подождите ... минутку! Не хватает ... туриста.

Exercise 20.11 Study the section on verbs ending in -нуть, -нуться on pp. 527-529, and then supply the past tense forms in the following sentences.

1. /вернуться/ Когда вы ... домой с концерта?
2. /отдохнуть/ Давай отдохнём! -Нет, мы уже ....
3. /прыгнуть/ Пётр вдруг ... с моста.
4. /привыкнуть/ Мы уже ... к жизни в колхозе.
5. /проснуться/ Она ... в семь, но долго лежала в кровати. (кровать 'bed')
6. /исчезнуть/ Где Борис? Куда он ...?
7. /привыкнуть/ Жена ещё не ... к такой работе.
8. /вернуться/ Он ... очень поздно, в два часа ночи.

Exercise 20.12 Now supply the pfv future forms of this same class of verbs (see Exercise 20.11). Note that all are first conjugation and all are pfv.

1. /проснуться/ Боюсь, что Таня не ... вовремя 'in time' и опоздает на занятия.
2. /исчезнуть/ Надеюсь, что дядя Ваня не ... с деньгами.
3. /прыгнуть/ Если ты не ..., то я тоже не ....

4. /вернуться/ Вы помните эту вещь Симонова: "Жди меня, и я ..."?
5. /привыкнуть/ Не беспокойся, я скоро ... к этой работе.
6. /отдохнуть/ Я устала! -Поработай ещё немного. Мы ... минут через двадцать.
7. /вернуться/ Садитесь! Доктор ... в два часа.
8. /проснуться/ Дети уже позавтракали? -Нет, они всё ещё спят. Они скоро ....

Exercise 20.13 Study pp. 529-530 in your text and then translate the sentences into Russian.

1. She danced all night.
2. They dance very well.
3. How do you feel? -I feel better, doctor.
4. Yesterday I felt fine (very well).
5. I don't envy him, he envies me.
6. He's interested in nothing.
7. Nothing interests him.
8. What would (will) you advise me to read?
9. We often spend the night under the open skies. (открытый 'open')
10. When I was young I was interested in singing.
11. Before (earlier) I envied Boris because his father has a boat.
12. Advise me, doctor. What kind of food should I eat?

Exercise 20.14 Study the Basic Sentence Patterns (BSP) on pp. 514-516 of this chapter in your text and then translate the following sentences into idiomatic Russian.

1. I want not only some borsch, but also some bread and milk.
2. My room-mate brought some herring and my sister brought beer.
3. Let's drink some wine or vodka.
4. There's no wine and Volodya drank up all the vodka yesterday.

5. Has Natasha already eaten? -No, she hasn't yet eaten.
6. Somebody ate up all the sausage.
7. Have something to eat before the game. -Thanks, we will.
8. Why don't you ever visit anybody? -I'm not acquainted with anybody here.
9. She's such a calm person, never worries about anything.
10. Where were you swimming (to), the other bank? -No, I was swimming over to the boat (toward the boat).
11. He envies everybody and wants to surpass everybody.
12. Varya was afraid that Alyosha would (will) eat up all the mushrooms.
13. Professor Orlov's wife taught me to swim.
14. We were one ruble short and couldn't buy the hat.
15. She lived alone in a small apartment on Gorky Street (the street of Gorky).
16. I live alone now. My parents died during (in time of) the war.
17. I'm afraid that we'll be fifteen minutes late.
18. That's a very expensive suitcase. It costs almost forty rubles.
19. At what time does the plane depart? -At 4:45.

LESSON 21

Exercise 21.1 Translate the questions into Russian and then answer them briefly in Russian. Sentences or clauses with asterisks should have the subject in final position.

1. Who was upset, Irina Ivanovna or Lyubov Petrovna?
2. What happened to (with) her?
3. Where did all this happen, in church?

4. How much money was missing?
5. Besides the money, what else was missing? (кро́ме + gen. 'besides')
6. Who almost knocked her down (off her feet)?
7. What did the boy say when the druzhinniki caught him?**
8. Why is Lyubov not sure that the boy stole her change purse?
9. Where did Irina Ivanovna advise her to look?* (both verbs pfv)
10. Where did she finally find the change purse?
11. What was in the pocket?
12. What did Irina Ivanovna say then?*
13. Where must Lyubov Petrovna make a phone call to?*
14. What lesson is this, the 20th or 21st?*

Exercise 21.2 Translate the questions into Russian, again answering them briefly as in the preceding exercise. Again observe the questions containing asterisks.

1. Where does this conversation take place, at the market?* (происходи́ть 'to take place')
2. What does the policeman want to compile?*
3. What's the boy's name (What do they call the boy)?
4. When was he born?
5. On what street, in what building and in what apartment does he live?
6. Where does he go to school (study)?
7. What grade is he in? (Put 'he' in initial position.)
8. Why was he at the market, and not at school?
9. Why didn't his mother herself go to the market?
10. Does the policeman believe that the boy is telling the truth?
11. What does he advise the boy?
12. Why did the policeman finally let the boy go home? (отпусти́ть)
13. What's today's date? (See p. 542.)
14. (In) What year were you born? (See p. 546.)

15. When do classes begin in the fall, in August or in September?
16. When do classes end, in December or in January?

Exercise 21.3 Variation drill. Rewrite the sentences, replacing underscored items with the ones in slashes and making any necessary grammatical changes in the process.

1. Что с вами, Ирина? Вы так взволнованы. /ты, ты/
2. У меня на базаре украли деньги. /она, вокзал, сумка/
3. Её подруга потеряла двадцать рублей. /Его сын, найти, 50/
4. Какой-то мальчик бежал мимо и чуть не сбил меня с ног. /девочка, почти, она/
5. Она посмотрела, а в её сумочке не было кошелька. /карман, деньги/
6. Надеюсь, что дружинники поймали этого мальчика. /милиционер, негодяй/
7. Я не брал никаких денег. /Мы, видеть, ваши документы/
8. Он, конечно, врёт. Я ему не верю. /Они, они/
9. Я как-то не уверен, что он украл эти деньги. /Она, Наташа, 40 + копейка/
10. Этот мальчик не похож на вора. /девочка, воровка 'f. thief'/
11. Вы всюду искали? Вы в карманах смотрели? /везде, бумажник/
12. Подождите! Здесь в кармане дырка. /1 + минутка, подкладка/
13. Она нашла кошелёк за подкладкой. /Сын, 21 + рубль, под, сиденье/
14. Она всё виновата. /Он, совсем/
15. Я сейчас же позвоню в милицию. /Мы, пойти, справочное бюро/
16. Я должна позвонить в милицию, чтобы его отпустили. /Муж, мальчик/
17. Она ещё маленькая девочка. /тогда + была/
18. Мы живём на пятом этаже. /Они, 15/

Exercise 21.4 Variation drill. Rewrite the sentences, replacing underscored items with the ones in slashes and making any necessary grammatical changes in the process.

1. Мы сейчас же составим протокол. /Милиционер, уже + прош/
2. Как тебя зовут? —Меня зовут Николай Верёвкин. /Вы, (give your own name)/
3. Я родился двадцать восьмого августа пятьдесят первого года. /Она, 25, 69/
4. Я живу на улице Герцена. Дом номер шестьдесят. /Мы, Горький, 50/
5. Бортпроводница живёт внизу, в квартире номер семь. /Они, наверху, 11/
6. Николай Верёвкин учится в семьдесят третьей школе, в шестом классе. /Наши сыновья, 51, 5/
7. Мать послала его на базар за продуктами. /Папа, я, магазин, пиво/
8. Деньги нашлись. Ты можешь идти домой. /Кошелёк, вернуться, базар/
9. Какое сегодня число? —Сегодня двадцать седьмое сентября. /31, август/
10. Занятия кончаются двадцать седьмого мая. /14, декабрь/
11. Занятия начинаются двадцать четвёртого августа. /22, январь/
12. Мой сын родился в тысяча девятьсот шестьдесят третьем году. /дочь, 77/
13. Вы когда-нибудь читали роман "Тысяча девятьсот восемьдесят четвёртый год"? (Omit the word роман.)
14. Вы когда-нибудь читали книгу "Тысяча и одна ночь"? (Omit the word книгу.)

24 / Modern Russian 2: Workbook

Exercise 21.5 Read the three passages on pp. 550-551 and then answer the questions briefly in Russian. Note that the order of questions does not specifically follow the order of events in the reading passages.

Passage A:
1. Чем мальчики ловят змей?
2. Где они поймали этих змей?
3. Как мы знаем, что мальчики не боятся этих змей?
4. Кому они хотели показать первую змею?
5. Что они собираются делать с этими змеями?
6. Сколько змей всего поймали?
7. Куда они положили змей?
8. Чем они ловили этих змей?
9. Когда у них будут зимние каникулы?
10. Когда у них осенью начинаются занятия?
11. Когда у них кончаются в школе занятия?

Passage B:
1. Почему надо быть особенно осторожным на базаре?
2. Какие продукты люди покупают у колхозников на базаре?
3. В какой день особенно много людей на базаре?
4. Какие продукты там продают колхозники?
5. Почему люди дорого платят за эти продукты?
6. Как насчёт толкучки, что можно там найти?

Passage C:
1. Когда Николай стал инженером?
2. В каком году он работал близко от Ялты?
3. Сколько лет он учился в институте?
4. Когда Николай был на Дальнем Востоке? (Дальний Восток 'Far East')
5. Какой он специалист?
6. Зачем и когда он ездил в Америку?
7. В каком году он окончил школу и поступил в институт?

Exercise 21.6 Study the section on months, dates, and the use of ordinal numbers on pp. 542-544, noting particularly the special declension of третий 'third' on p. 544. Then translate the following sentences, spelling out all numbers in the usual fashion.

1. What's the date today? -Today's the 25th of September.
2. Yesterday was the 24th and tomorrow will be the 26th.
3. When did you break your leg, on the 4th of July?
4. -No, it happened on June 30th.
5. When do classes end, on December 12th? -No, on the 14th of December.
6. When were you born, in February? -Yes, on February 16th.
7. On what date do you leave for Vladivostok? -On the tenth of June.
8. When will your parents arrive from Kiev? -On Tuesday, April 15th.
9. Is today the 18th? -No, today's already the 19th.
10. When do classes begin, on the 27th? -No, earlier. On the 23rd.

Exercise 21.7 Study the material on nonreflexive vs. reflexive verbs, pp. 544-545, and then complete the sentences. In addition, translate all the sentences into English.

1. Утром он так ... (rushed), что не успел позавтракать.
2. Пожалуйста, не ... (rush) меня! У нас ещё масса времени.
3. Раньше он ... (was interested) химией, а теперь - ничем.
4. Ничто меня не ... (interests).
5. Борис ... (took for a ride) нас на своей лодке и нам было очень весело.
6. Мы ... (went for a ride) на Бориной лодке. (Бо́рин 'Borya's')

7. По утрам мать ... (bathes) своего ребёнка.
8. У них нет ванны. Они ... (bathe) в реке.
9. Как тебе не стыдно! Ты ... (surprise) меня.
10. Чему вы ... (are surprised at)? -Я ничему не ... (am surprised at).
11. Извините, что я ... (disturb) вас.
12. Он начал ... (to be disturbed), когда он не смог найти свою папку.
13. Жена как-то ... (angered) мужа.
14. Муж ... (got mad) на жену и пошёл обедать в ресторане.
15. Родители только что ... (returned) из Лондона.
16. Дай мне три рубля до завтра. Я ... (will return) тебе эти деньги после занятий.

Exercise 21.8 Study the section on use of ordinal numbers in dates including the year on pp. 546-547. Then complete the sentences, spelling out all numbers in the usual way.

1. Следующий год будет ... (1987). (Change the last digit, if appropriate.)
2. В каком году ты родился? -В ... ('72) году.
3. Сегодня ... (10/IX/86) года. (In place of the suggested date, use the real date. Note also the Russian style of indicating date first, then month in Roman numerals, then the abbreviated form of the year. Here it's Sept. 10, '86.)
4. Был ... ('53) год, когда умер Сталин.
5. Мой младший брат родился ... (29/X/69) года.
6. Моя мать родилась в ... (1948) году.
7. Мой дедушка родился в ... (1923) году.
8. Моя бабушка родилась в ... (1936) году.
9. Это случилось в ... (1981) году.
10. Родители приехали в США в ... (1967) году.
11. Я родился/родилась ... года. (Supply your own birthdate, i.e., date, month, and year.)

Exercise 21.9 Study the section in your basic text on reflexive verbs formed from nonreflexive ones you have already encountered, pp. 547-549. Then complete the following sentences. Remember that if the verb takes a direct accusative object it cannot also have the reflexive suffix.

1. Когда ... (begins) лекция?
2. Когда вы ... (will begin) вашу работу?
3. Как ... (is spelled (written)) это длинное слово?
4. Концерт скоро ... (will end).
5. —Слава Богу! Я ... (had begun) думать, что у него нет конца.
6. Вторая мировая война ... (began) в 1939-ом году. (мирово́й 'world')
7. Во сколько ... (will they open) буфет, в десять?
8. —Буфет обычно ... (opens) в десять тридцать.
9. Мы с ней ... (met) на мосту.
10. Володя ... (met) Веру вчера вечером в парке.
11. Где здесь ... (do they sell) селёдку?
12. Где здесь ... (is sold) селёдка?
13. Вон там за рекой ... (is being built) новая фабрика.
14. Вон там за рекой ... (they're building) новую фабрику.
15. Я вас ... (will see) завтра на концерте.
16. Я с вами ... (will see each other) завтра на концерте.

Exercise 21.10 Study the section on prepositions used with ordinals in expressing the notions 'from ... to', 'from ... through', and 'starting from' on pp. 549-550. Then answer the questions in Russian, using the given English cues.

1. Как долго вы останетесь в Ялте? (From May 22 to June 3rd.)
2. По какое число вы будете у нас в гостинице? (Through July 14th.)
3. До какого числа вы будете в Самарканде? (Until October 31st.)

4. Как долго эта группа инженеров будет в США?
   (From February 13th through the 26th.)
5. С какого числа вы начинаете работать? (Starting April 11th.)
6. Вы долго будете в Киеве? (No, only until the 7th of April.)
7. С какого числа начинаются каникулы? (The 16th of next month.)
8. Как долго вы будете на даче? (From August 10 through September 1.)
9. Как долго эти туристы будут в СССР? (From June 24 to July 5.)
10. От какого числа эта газета? (The 8th of March.)

Exercise 21.11 Study the BSP material on pp. 538-541 of your basic textbook and then translate the following sentences into idiomatic Russian. Where there are blank spaces, supply the appropriate information, e.g., your birth month, the current date, etc.

1. What month were you born (in)? -I was born in ...
2. My grandmother died last year in the month of January.
3. What's the date today? -Today's the ... of ...
4. Yesterday was the ... of ...
5. Tomorrow will be the ... of ...
6. The exam will be on the 13th of October.
7. Our parents will arrive from Leningrad on the 5th of May.
8. On what date do you leave for Yalta? -On the 30th of April.
9. What year was your mother born? -In 1939.
10. When do classes begin at the institute? -At the beginning of February, on the 2nd.
11. When will Gromyko (Громы́ко) be in China? -Sometime in June.
12. On what date does vacation start? -On (from) the 17th of December.
13. How long does vacation last (continue)? -From the 20th of May through the 22nd of August.

14. Where did you live before (formerly)? -On Gorky Street, (in) building number 76, (in) apartment number 17.
15. Is beer sold here? -Yes, and wine too. But they don't sell vodka.
16. Where are maps sold here? -Maybe at the kiosk on the corner.
17. How is this word spelled (written)?
18. When will the film begin? -The film's already begun.
19. This restaurant opens at 2:00 and closes at 11:00.
20. Across from the park a new hotel is being built.
21. Let's meet in front of the theater at exactly seven p.m. (ве́чера)
22. Before (formerly) they often used to meet, but now they seldom see each other.

Exercise 21.12 Review exercise. This exercise is loosely based on the first and third reading passages on pp. 550-551. Complete the passages, supplying the items given in English.

Part A:
Когда у вас в институте ... (begin) занятия, в ... (September)? -Нет, в начале ... (of October), ... (on the third) числа. -А когда ... (finish) занятия, в ... (May) месяце? -Нет, в конце ... (of June).. Потом у нас каникулы три месяца: ... (July), ... (August), ... (September). -Ну, а зимой? Тоже есть каникулы? -Конечно. -Вероятно в конце ... (of December) и в начале ... (of January), правда? -Да, ... (from the 23rd) декабря ... (through the 17th) января.

Part B:
В ... (1967) году Владимир Верёвкин окончил школу и в ... ('69) году он поступил в институт. Там он учился ... (five years) и в ... ('74) году стал инженером. Он специалист по ... (bridges) и ... (roads). Он ... (three years) жил и работал в Ленинграде. В ... ('77) году он работал на Урале,

недалеко от Свердловска. С ... ('78) по ... ('80) он был на Кавказе, близко от Тбилиси. Осенью ... ('81) года он ездил в США с группой инженеров чтобы посмотреть, как строят мосты и дороги в Америке. В следующем году, в ... ('82) году, его послали во Владивосток. Бедный инженер Верёвкин! В ... (February of '83) года он упал с моста и (on the 3rd of March) он умер.

LESSON 22

Exercise 22.1 Translate the questions into Russian and then answer them briefly in Russian. Sentences or clauses with asterisks should have the underscored subject(s) placed at the end of the question.

1. Where are <u>Tamara, Vadim, and Svetlana</u> skating?*
2. How do <u>Tamara and Vadim</u> skate?*
3. Where did <u>Tamara</u> grow up?*
4. How about Vadim, where did he grow up?
5. Who skates better, Vadim or his sister?
6. What's Vadim's sister's name?
7. What was the <u>weather</u> like that day?* (в тот день 'that day')
8. Why don't Tamara and Vadim want to skate anymore?
9. What does Svetlana do every day?
10. What is <u>Sveta</u> afraid of?*
11. How long (Since what age) has she been skating? (according to Vadim)
12. How old was she when they first brought her to the rink? (See p. 571.)
13. What will she show Tamara and Vadim, her new skates? (Use свой.)
14. Where is the <u>city of San Francisco</u> located, in the east or in the west? (город Сан Франциско 'the city of San Francisco')*
15. Where is <u>Boston</u> located, in the east or in the west? (Бостон 'Boston')*

Exercise 22.2 Translate the questions into Russian and then answer them briefly as usual. Remember to note word order in questions with asterisks.

1. Where was <u>Sveta</u> flying (heading) on skis?*
2. Does she <u>know how</u> to ski well?
3. How should one (does one need to) fall on skis in order not to be hurt badly (smash up)?
4. What did <u>Vadim</u> help her do?*
5. What did <u>Sveta</u> ask about after she fell? ('After' as conjunction is после того, как.)
6. How were her <u>arms and legs</u>?*
7. Why didn't he need to carry her?
8. Who scared whom?
9. Who said: 'Let that be a lesson to me.'?
10. Why did Sveta say that next time she'd be more careful?
11. What (In what) does <u>Vadim</u> doubt?
12. How does <u>Vadim himself</u> ski?*
13. Why isn't he afraid to fall?
14. Has Svetlana been skiing for a long time?
15. How old are you? (See p. 571.)

Exercise 22.3 Variation drill. Rewrite the sentences, replacing underscored items with the ones in slashes and making any necessary grammatical changes in the process.

1. Мы <u>были</u> на катке. /Давай пойдём/
2. <u>Ты</u> хорошо на коньках <u>катаешься</u>. /Вы, + прош/
3. <u>Я падаю</u> на каждом шагу. /Бедный ребёнок/
4. Она выросла на берегу <u>Чёрного моря</u>. /Они, Белое море/[1]
5. Что это лежит на <u>льду</u>? /пол/
6. Хотя я на <u>севере вырос</u>, я неважно катаюсь. /берег + Чёрное море, плавать/
7. Вадим катается гораздо <u>хуже сестры</u>. /Света, лучше, брат/

---
1. Бе́лое мо́ре 'the White Sea' is located on the Barents Sea, some 600 miles due north of Moscow.

8. Вот она идёт сюда, легка на помине. /он/
9. Ребята! У вас обоих носы совсем красные. /Девушки, обе/
10. Почему вы не катаетесь на коньках? /никто, плавать/
11. Потому что мы устали падать. /Дело в том, что 'The thing is, The fact is'; плавать/
12. Каждый день я тренируюсь. /неделя, она/
13. Я буду нервничать и всё испорчу. /Она/
14. Я с восьмилетнего возраста на коньках бегаю. /Он, детство 'childhood'/
15. Светлана с шестилетнего возраста на коньках бегает. /Четырёх-/
16. Мне тогда было четыре года. /Она, 5/
17. Родители привели меня на каток. /Отец, сын/
18. Ему было жаль расставаться с деньгами. /расстаться, эти вещи/
19. Он читает лекции по искусству. /история + искусство/
20. Наш колхоз находится на восток от Киева. /север, Москва/
21. Этот мясокомбинат находится на запад от Москвы. /юг, Минск/
22. Ты всегда всё портишь. /Я/
23. Он водит туристов по городу. /Я/
24. Куда он нас ведёт? /они/
25. Я никогда не расстанусь с этой картиной. /Она, эти часы/

Exercise 22.4 Variation drill. Rewrite the sentences, replacing underscored items with the ones in slashes and making any necessary grammatical changes in the process.

1. Ты любишь кататься на лыжах? /Вы, коньки/
2. Я прямо на забор лечу. /+ Осторожно! Ты; стена/
3. Помоги мне встать! /Я + буд., вы/
4. Она была вся в снегу. /Он/
5. Держись за меня! /Он/
6. У меня бедро и плечо немного болят. /бёдра, плечи, + прош./

7. Ты напугала меня, Света. Это мне наука. /Вадим, ты/
8. Я тебя больше никогда на эту гору не поведу. /она, в, лес/
9. Я в другой раз буду осторожнее. /+ Надеюсь, что; ты/
10. Я в этом сомневаюсь. /Мы/
11. Ты летишь с горы, как сумасшедший. /Он, птица/
12. Я умею и в сторону свернуть, и остановиться вовремя. /Вадим/
13. Света только учится кататься на лыжах. /Тамара, начинаться, коньки/
14. Сколько ему лет? —Ему двадцать лет. /вы, я, 21/
15. Что вы держите в руке? /она, + прош./
16. Не пугайте детей! /девочки/
17. Давайте разобьём класс на несколько групп. /Мы, + прош., три/
18. Мы обычно останавливаемся в гостинице "Украина". /Я, "Центральная"/
19. Я выхожу на следующей остановке. /Они, последний/
20. Куда ты несёшь эти вещи? /они, чемоданы/
21. Этот костюм тебе мал. /юбка, она/
22. Это платье вам велико. /рубашка, он/

Exercise 22.5 Read the three passages on pp. 574-575 and then answer the questions briefly in Russian. Note that the sequence of questions is not necessarily the order of events in the passages themselves.

Passage A:
1. Кто из этих молодых людей лучшие конькобежцы?
2. С какого возраста бегают на коньках Зина и Володя?
3. Почему Кирилл думал, что Тамара каталась одной? Где были её друзья?
4. Как катается на коньках Кирилл?
5. С кем пришла на каток Тамара?
6. Как катаются на коньках Зина и Володя?

Passage B:
1. Почему Виктор никогда не летал на самолёте?
2. Кто из них давно мечтает полететь?
3. Летали ли когда-нибудь товарищи Гранта?
4. Как насчёт Вадима, почему он ещё не летал на самолёте?
5. Кому всегда не везёт?
6. Вы сами часто летаете на самолёте?
7. Кто из них думает, что если полетит, то самолёт обязательно разобьётся?

Passage C:
1. Что очень хочет сделать Тамара?
2. Кто сегодня пригласил Тамару в новый ресторан?
3. Когда открылся этот ресторан?
4. Что принесли Вадиму и Тамаре в ресторане?
5. Как в конце концов прошёл у Вадима и Тамары вечер в ресторане?
6. Что говорили подруги Тамары об этом новом ресторане?
7. Часто ли бывала Тамара в таких ресторанах?
8. Что они делали, как только начал играть оркестр?
9. Как себя чувствовала Тамара после того, как она быстро выпила два стакана вина?

Exercise 22.6 Study the section on short-form adjectives on pp. 562-565, then rewrite the sentences containing long-form adjectives, substituting short-forms as in the given model. Model: Какая она глупая! Как она глупа!

1. Он такой умный.
2. Они такие старые.
3. Какой он спокойный!
4. Она такая добрая.
5. Какой он глупый!
6. Платье такое дорогое.
7. Какие они молодые!
8. Она такая занятая.
9. Какой он милый!
10. Они такие осторожные.

Exercise 22.7 In the following exercise, choose the correct form, long or short, and then translate the sentences into English.

1. Почему ты так ... (серьёзная/серьёзна) сегодня, Галя?
2. Вы уже ... (знакомые/знакомы) друг с другом? (друг с другом 'with each other')
3. Эта рубашка вам ... (большая/велика).
4. Они такие ... (симпатичные/симпатичны).
5. Проигрыватель не разбился, он ... (целый/цел).
6. Какая она ... (красивая/красива)!
7. Это платье тебе ... (маленькое/мало).
8. Её комната такая ... (маленькая/мала).
9. Эти туфли для меня ... (большие/велики). (туфли 'shoes, slippers')

Exercise 22.8 Study the material on pp. 565-567 on intransitive verbs of motion with paired imperfectives (multidirectional vs. unidirectional) and then translate the following sentences into Russian.

1. Where are you flying to?
2. -I'm flying to Kiev. I fly there quite often.
3. She's a good swimmer (She swims well.)
4. Where are you (fam.) running to?
5. -I'm running to (catch) the bus.
6. Every morning he runs about the park.
7. Let's swim (pfv) to the other side of the lake.
8. I'm afraid that we'll be late to the theater. Let's run (pfv)!
9. Tomorrow I'll fly to Gorky (pfv).
10. Where's Vadim? -He ran (pfv) to get milk.

Exercise 22.9 Study the section on pp. 567-569 which deals with transitive verbs of motion with paired imperfectives (m-d vs. u-d), the verbs of 'taking', i.e., carrying, transporting, and leading. Then choose the correct form and translate the sentences into English.

1. Куда ты ... (носишь/несёшь) ребёнка, в сад? —Да, я его ... (ношу/несу) туда каждое утро, когда светит солнце. (светить 'to shine')
2. Почему она всегда ... (носит/несёт) эту старую, некрасивую шляпу?
3. Мать ... (поносила/понесла) ребёнка наверх и вернулась через 2 минуты.
4. Куда вы едете? —Вадим ... (возит/везёт) нас за город на своей машине.
5. Он такой добрый. Он часто ... (возит/везёт) нас в институт в плохую погоду.
6. Не беспокойтесь, вы не опоздаете. Я ... (повезу/буду возить) вас на вокзал.
7. После обеда папа ... (будут водить/поведёт) детей в парк.
8. Каждое утро мама ... (водит/ведёт) детей в школу.
9. Директор фабрики иногда ... (водил/вёл) туристов по всему заводу.
10. Когда я его встретил, он ... (водил/вёл) маленького сына в кино.
11. Где Катя? —Она только что ... (поводила/повела) детей в детский сад 'kindergarten'.
12. Где дядя Алёша? —Он ... (повёз/повозил) бабушку домой.
13. Куда ... (водит/ведёт) эта дорога? —К реке.
14. Раньше мы ... (возили/везли) детей в школу, теперь они ходят пешком.

Exercise 22.10 Study the section on стол-nouns with the special prepositional singular ending -у́/-ю́ on pp. 570-571. Note that this ending is only used with the prepositions в and на. Now translate the sentences into Russian.

1. (In) What year were you born? -In '66. (In the '66th year.)
2. At what time (hour) will they arrive? -At 7:00.
3. Your skates are in the cupboard.
4. We sat in the garden a long time.
5. Whose money is that on the floor?
6. Where shall we sit, on the bank or on the bridge?
7. Our summer cottage is in the woods not far from the lake.
8. I'll wait for you on the corner.
9. Her son died in battle in '44.
10. Poor grandmother fell and lay on the ice for two hours.
11. It was snowing and when we found her, she was all covered with snow (all in the snow).
12. That happened <u>last</u> year. (про́шлый)
13. Where is the factory located? -On the edge of town.
14. You'll find the skates in the corner.
15. -What corner are you talking about?

Exercise 22.11 Study the section on telling age in Russian, pp. 571-572, and then, using the numbers in slashes, answer the questions as in the given models.
Models: Ско́лько лет ва́шему сы́ну? /22/ —Ему́ два́дцать два го́да. Како́го во́зраста был оте́ц? /49/ —Ему́ бы́ло со́рок де́вять лет.

1. Ско́лько лет ва́шей сестре́? /14/
2. Ско́лько лет ва́шему бра́ту? /21/
3. Како́го во́зраста ваш де́душка? /75/
4. Ско́лько лет твое́й ма́тери? /39/
5. Ско́лько лет твоему́ отцу́? /44/

6. Сколько лет было вашему другу, когда он умер? /28/
7. Сколько месяцев вашему ребёнку? /6/
8. Какого возраста был ваш дедушка, когда он умер? /91/
9. Сколько лет было вашей бабушке, когда она умерла? /87/
10. Сколько лет вашей дочери? /12/

Exercise 22.12 Study the material on the declension and usage of оба/обе 'both' on pp. 572-573 and then translate the sentences into Russian. Note that the expression 'both ... and' is expressed by и ... и, not by оба.

1. Both brothers live in Moscow.
2. Both sisters live in Kiev.
3. Both brother and sister work at this plant.
4. I spoke with both brothers only yesterday.
5. I spoke with both sisters last week.
6. We saw them both (f.) at the rink.
7. Both children have skates.
8. She's both intelligent and nice.
9. Both Tamara and Vadim love to ski.
10. We saw both skaters on the ice.

Exercise 22.13 Study the BSP material on pp. 559-561 of this lesson and then translate the following sentences into idiomatic Russian.

1. He's always so busy, but today he's not so busy.
2. She's usually so calm, but right now she's not so calm.
3. You're all so kind! (both ways: use both long forms and short forms)
4. Both her sisters lived in Yalta during (in time of) the war.
5. Both his room-mates know how to ski.
6. We saw both your aunts at the market.
7. What's that lying there on the ice?

8. Tomorrow's her birthday. How old will she be?
9. Their baby was only two months old when it died.
10. What age is she? -She's forty-three years old.
11. At that time I was only seventeen years old.
12. Where's grandmother taking the children, to the park? -No, to the market.
13. She often takes them there on Saturdays.
14. In summer everyone runs in the park or in the woods.
15. Where's she running to, the store? -Yes, to get (for) groceries.
16. Papa always drove the children to school.
17. Where are you driving to? -I'm taking these American tourists to the collective farm.
18. Get in the car (lit. Sit down), I'll drive you to the institute.
19. Where's Valya? -She drove the neighbor lady to the market.
20. What happened to you, mama? -I was carrying your skis downstairs and fell.
21. Let's take all these old things upstairs.
22. I never carry any money with me.
23. Where's Tamara from, the south? -Yes, she grew up in Odessa.
24. These trees grow in our west (by us in the west).
25. Where's he from, the east? -No, from the north. He was born in Murmansk (Му́рманск).[1]

---

1. Murmansk is a port city with a population of almost 300,000, located almost due north of Leningrad on the Barents Sea in the Arctic Ocean.

LESSON 23

Exercise 23.1 Translate the questions into Russian, then answer them briefly also in Russian. Observe the use of asterisks as usual.

1. Who in this conversation is wrapping a parcel?
2. What kind of <u>needle</u> does he have?*
3. What kind of <u>needle</u> is he looking for?
4. Does Boris know how to sew? What does he say about buttons?
5. What kind of needle did <u>Philip</u> give him?*
6. What else did <u>Vasily</u> ask (request) of Philip?*
7. Why does Vasily think that now they'll accept his parcel?
8. Why did he wet the parcel with water?
9. What kind of pencil did he write the address with?
10. When the package was ready, where did they go?
11. Do you ever sew buttons on a shirt or <u>blouse</u> (блу́зка)?
12. Do you have a <u>suit-coat or a topcoat</u>?*

Exercise 23.2 Translate the questions and then answer them briefly in Russian. As usual, observe the word order in questions with asterisks.

1. Who was afraid that they'd be late to the post office?
2. What <u>time</u> was it?*
3. At what time does this branch of the post office usually close?
4. How was the package, heavy or light?
5. Who was carrying the package, Boris or Vasily?
6. How much did the package weigh? (lit. How many kilograms were in the package?)
7. What did Boris say about Oleg's bicycle?
8. Was the <u>post office</u> far from there?* (Use the question word ли: Далеко́ ли.)
9. What place was it necessary to cross?
10. Which of them knew a shortcut (shorter way)?

11. What frightened them when they turned into the alley?
12. What advice did Vasily give the truck driver? (совет)
13. What did Boris say about the driver?
14. Which (What) is heavier, a pound or a kilogram? (фунт)
15. What city is closer to Leningrad, Kiev or Volgograd? (Волгоград [1])

Exercise 23.3 Variation drill. Rewrite the sentences, replacing the underscored items with the ones in slashes and making any necessary grammatical changes in the process.

1. Товарищ по комнате Филиппа запаковывает посылку. /общежитие, + прош./
2. Эта иголка слишком тонкая. /лёд, довольно, толстый/
3. У меня вообще никаких иголок нет. /они, дождевики/
4. Я никогда не шью. /Моя жена, вообще/
5. Я даже не умею пришить пуговицы. /Моя дочь/
6. Жалко, что Филипп куда-то ушёл. /шофёр, уехать/
7. Не найдётся ли у тебя толстой иголки? /вы, вечерняя газета/
8. Вот самая толстая иголка, какая есть. /дорогое вино/
9. Что ты шьёшь? /она, + прош./
10. Может быть, у тебя есть крепкие нитки? /твоя мать, тонкий/
11. Эти нитки крепче, чем те. /вино, дороже/
12. Эти нитки вполне подойдут. /зелёная рубашка/
13. Я надеюсь, что посылку примут на почте. Всё запаковано по правилам. /Василий, Посылка/

---

1. Volgograd, formerly Stalingrad, is located north of the Caucasus Mountains on the lower reaches of the Volga River, about 300 miles north of the Caspian Sea.

14. Зачем ты мочишь посылку водой? —Чтобы написать адрес химическим карандашом. /он, коробка, приклеить ярлык 'glue on a label'/
15. Когда вы запакуете чемоданы? /он, + прош./
16. Мать сошьёт дочери юбку. /Жена, + прош., себя/
17. Она начала пришивать к рубашке пуговицу. /кончить, пиджак/
18. Уже пять часов, я ухожу. /12, все/
19. Сегодня доктор никого не принимает. /Завтра, + буд./
20. На нём был чёрный пиджак. /она, синий, шляпа/
21. Возьми с собой дождевик. Вечером будет дождь. /тёплое пальто, холодно/
22. Он слабый студент. /Она/

Exercise 23.4 Variation drill. Rewrite the sentences, replacing the underscored items with the ones in slashes and making any necessary grammatical changes.

1. Мы не опоздаем на почту с нашей посылкой? Уже шесть часов. /вечеринка, подарок, 9/
2. Это отделение работает до восьми или даже до девяти. /открыт, 3,4/
3. Давай я понесу вашу посылку. Уф! Она тяжелее, чем я ожидал. /чемодан, Он/
4. Действительно, не меньше десяти кило будет. /8 или 9/
5. Если бы ты взял у Олега велосипед, в два счёта довёз бы. /вы, машина/
6. Почта в двух шагах отсюда, не правда ли? /Гостиница "Россия", от + Красная площадь/
7. Надо перейти эту площадь, а оттуда ещё три-четыре квартала до почты. /Красная, 5-6, наша гостиница/
8. Я знаю более короткий путь. Повернём в этот переулок. /самый, + Надо/
9. Смотри, куда едешь! /бежать/
10. Официант! Дайте нам, пожалуйста, счёт! /Принести, я/
11. На твоём месте я бы туда не ходил. /ваш, ездить/

12. Он тяжело работает. /дышать/
13. Такая работа была бы опасна. /шаг, опаснее/
14. Он теперь живёт немного ближе к посольству.
    /раньше, + прош., Красная площадь/
15. Новые пиджаки короче старых. /юбки/
16. Эта подкладка толще, чем та. /материал, тоньше/
17. Мой велосипед легче твоего. /жизнь, тяжелее/
18. Этим летом дожди идут реже. /осень, чаще/
19. Моя сестра на два года старше меня. /брат, моложе/

Exercise 23.5 Read the four short passages on p. 597 of this lesson and then answer the questions briefly in Russian.

Passage A:
1. Зачем Вадим зашёл в ГУМ? Что ему нужно было?
2. Сколько стоили дождевики в ГУМе?
3. Что случилось как раз, когда Вадим выходил из магазина?
4. Почему Вадим купил довольно дорогой дождевик?
5. Какой это был дождевик, хороший или плохой?
6. Повернул ли он назад, чтобы вернуть дождевик в магазин?

Passage B:
1. Что заметила Вера на пиджаке своего мужа?
2. Хорошо ли она шьёт такие вещи, как платья и костюмы?
3. Какую пуговицу она нашла в швейной коробке?
4. Что сказал её муж, когда он вошёл в комнату?
5. Что в конце концов случилось? Кто из них пришил пуговицу?
6. Почему Вера была уверена, что муж не успеет это сделать?

Passage C:
1. Знал ли Филипп, как надо запаковывать посылку в СССР?
2. Куда он пошёл, чтобы узнать?

3. Что сразу заметили люди на почте, когда он начал говорить по-русски? Плохо ли он говорит?
4. Почему он к этому уже привык?

Passage D:
1. С кем был интересный случай на концерте?
2. На кого был похож его сосед?
3. Что вы можете сказать о возрасте его соседа?
4. Откуда был его сосед?
5. О чём они начали говорить?
6. Какую ошибку сделал этот молодой человек из Китая?
7. Кто из них приехал в Москву пять месяцев назад?

Exercise 23.6 Study the section on the formation of the regular comparative on pp. 585-587, then complete the sentences as in the given model and translate them into English. Model: Он глуп, но она ещё глупее. 'He's stupid, but she's even more stupid.'

1. Брат умён, но сестра ещё ...
2. Вчера было холодно, но сегодня гораздо ...
3. Мой чемодан тяжёл, но ваш ещё ...
4. Твоя работа интересная, но моя даже ...
5. Олег серьёзен, но его сестра ещё ...
6. Они оба симпатичные люди, но она ... его.
7. Эта гостиница удобная, но "Украина" ещё ...
8. Его первый фильм был скучный, но последний даже ...
9. Борис говорит по-английски медленно, но его жена говорит ещё ...
10. Этот путь длинный, но тот ещё ...

Exercise 23.7 Complete the sentences, supplying the missing comparative forms.

1. Ты говоришь по-русски ... (more slowly), чем по-английски.
2. Эти огурцы ... (fresher), чем те. Дайте мне два кило.

3. Работа шпиона ... (more dangerous) работы милиционера.
4. Светлана ... (smarter) Вадима, но он ... (nicer) её.
5. Эти люди гораздо ... (poorer), чем люди в вашей стране.
6. Двадцать третий урок ... (more difficult), чем двадцать второй.
7. Тамара гораздо ... (prettier) Светланы, но бездушная какая-то.
8. Профессор Курочкин ... (more careful) своей жены.
9. Эта дорога ... (longer), чем я думал. Давай повернём назад!
10. Вчера было ... (warmer), чем сегодня. Весь день шёл дождь.
11. Наташа катается на коньках ... (faster), чем Владимир.
12. Мой велосипед ... (older), чем твой. (See pp. 589-590.)

Exercise 23.8 Study the section on the specially formed comparatives on pp. 587-590, especially the table on p. 588. Then translate the following sentences into idiomatic Russian.

1. My brother is three years younger than I.
2. My sister is two years older than I am.
3. I can't (don't) hear you, speak a little louder.
4. The patient feels much worse today.
5. Read on (further)!
6. This suitcase is a little lighter. Good, I'll carry it.
7. This hotel is more expensive than that one.
8. She began to talk more calmly.
9. Come over here, this way is a little shorter.
10. She drinks less than her husband.
11. Drop by a bit more often.
12. Grandfather is older than grandmother.
13. We now live closer to the institute than before.

46 / Modern Russian 2: Workbook

14. This lesson is a little easier than the <u>last one</u> (предыдущий).
15. She goes to the movies more often than we do.
16. Your car is smaller than mine.
17. Our apartment is bigger than yours.

Exercise 23.9 Study the two sections on the declension of numbers, pp. 590-594, especially the charts on pp. 590 and 592. Then complete the sentences, spelling out all numbers.

1. У неё в сумке было только ... (5 rubles) и ... (32 kopecks).
2. Я бы купил билет, но мне не хватает ... (23 kopecks).
3. Покажите ... (these two boys), где находится каток.
4. Любовь Петровна пошла на базар с ... (15 rubles) в сумке.
5. Она вернулась домой с ... (10 rubles) и ... (13 kopecks).
6. Она заплатила за продукты больше ... (4 rubles).
7. Сколько тебе лет? -Мне ... (16 years old).
8. -Так значит, ты моложе меня на ... (3 years).
9. Директор не хочет беспокоиться об ... (those two drivers).
10. Её дочь потеряла на базаре около ... (8 rubles).
11. Я не верю ... (those two thieves). Врут, наверно.
12. Пошлите нам ... (two good engineers) и ... (five good trucks).
13. Красная площадь в ... (four blocks) отсюда.
14. Поговорите с ... (those three policemen).
15. В углу ты увидишь ... (7 suitcases) и ... (2 briefcases). Их надо повезти на вокзал.
16. Давайте позвоним ... (those 4 girls).
17. Мне не хочется больше говорить об ... (those thirty trucks).
18. Я завидую ... (those 10 tourists).

Exercise 23.10 Study the section on conditional constructions on pp. 594-596, noting especially the difference between real conditionals and hypothetical ones. Then translate the sentences into Russian.

1. If I('ll) have time, I'll write home.
2. If I had time, I'd write home.
3. If she had had time, she'd have written home.
4. If you needed money, I'd have given it to you.
5. If you need money, I'll give it to you.
6. If the weather's nice tomorrow, we'll go fishing.
7. If the weather had been nice, we'd have gone fishing.
8. I'd buy this book, if I had money.
9. If I were you (In your place) I'd write the address with an indelible pencil.
10. It would be better if she didn't get nervous.
11. If you phone them, tell them I want to talk with them.
12. If I'd wanted to, I'd have phoned them already.

Exercise 23.11 Study the BSP material on pp. 583-584 and then translate the following sentences into idiomatic Russian.

1. The box office is open from six to nine.
2. Have this done by eleven o'clock!
3. She's five years older than her brother.
4. He's older than I by five years.
5. Twenty-one specialists were invited to Moscow.
6. At Red Square we talked with ten tourists from Europe.
7. Our house is within six blocks of here.
8. Buy at least three kilograms of meat.
9. We were one chair short.
10. The button has to be a little smaller.
11. The days were getting hotter and hotter (still hotter).
12. The river grew even more rapid.
13. He earns more than the director of the factory.

14. Their apartment is more comfortable than ours.
15. These rolls are warmer than those.
16. Your bicycle is newer than mine.
17. Sveta is more fun (gayer) than Tamara.
18. I'd drive her to the station, but my car isn't running (working).
19. If I were you (pl.-pol.), I'd consult the doctor.
20. We'd go to the rink if we had the time.
21. If I find out her address, I'll phone you.
22. If I knew their phone number, I'd tell you.

LESSON 24

Exercise 24.1 Translate the questions into Russian, placing underscored subjects in questions with asterisks at the end of the clause or sentence. Answer the questions briefly in Russian.

1. Where does this <u>conversation</u> take place?*
2. Whose documents have already been registered?
3. Who is Mr. Cook, a Soviet citizen or an American tourist?
4. What kind of coupons did he get (receive) from the desk clerk?
5. Where did he want to go right now?
6. Why won't he be able to get a car immediately?
7. What had they told him at Intourist about a car?
8. How many hours per day can he use the car?
9. How long will he have to wait for a car?
10. What did Cook decide to do in the meantime? (тем вре́менем)
11. Was the restaurant already open at 7:30?
12. Why doesn't Cook need to hurry?
13. What (kind of) documents does a tourist need in the Soviet Union?
14. Where is it better to live, on the outskirts (edge) or in the center of town?
15. How many foreign languages do you know?

Exercise 24.2 Translate the questions and answer them in the usual manner, observing the sentences with asterisks.

1. Who(m) did <u>Mr. Cook</u> call?*
2. What did he want to send out to be cleaned, a topcoat or a suit?
3. When will his suit be ready?
4. Why can't Mr. Cook wait so long?
5. What kind of request does he have to the maid? (Use про́сьба к.)
6. What will she try to do?
7. What would <u>Mr. Cook</u> like to do now?*
8. What <u>time was it</u>?*
9. When should (must) the maid wake Mr. Cook up?
10. What does he want to have time (manage) to do before supper?
11. Who in your family shaves? Do you yourself shave?
12. Have you ever been in the Soviet Union?
13. When do you usually go to bed?
14. Did you get to bed early or late yesterday?

Exercise 24.3 Variation drill. Rewrite the sentences in the usual fashion.

1. Где <u>нахо́дится</u> бюро́ обслу́живания? /+ Дава́й спро́сим об э́том в/
2. Спроси́те у регистра́тора. /+ Покажи́те ва́ши докуме́нты/
3. Всё уже́ офо́рмлено. /Все докуме́нты/
4. Вы мо́жете получи́ть обра́тно ва́ши <u>докуме́нты</u>. /ви́за и па́спорт/
5. Мне да́ли <u>два́дцать пять</u> тало́нов на еду́. /21/
6. Вот вам ещё <u>оди́н</u> тало́н на <u>у́жин</u>. /3, еда́/
7. Да́йте ему́ <u>оди́н</u> специа́льный тало́н на <u>чай</u>. /ещё 10, за́втрак/
8. Я хоте́л бы <u>пое́хать</u> в центр <u>го́рода</u>. /жить, Москва́/
9. К сожале́нию, сейча́с все на́ши <u>маши́ны в разъе́зде</u>. /грузовики́, без бензи́на/ (без бензи́на 'out of gas')

10. Мне в Интуристе сказали, что в моём распоряжении будет машина. /Мы, сообщить, наш/
11. Вы можете пользоваться машиной три часа в день. /лаборатория, раз, неделя/
12. Сейчас вам придётся подождать около получаса. /ты, 15 минут/
13. Я позавтракаю тут, а к тому времени будет машина. /Мы, 2:00/
14. Ресторан открыт? -Да, уже полвосьмого. /Справочное бюро, 9:30/
15. Как пройти в ресторан? /проехать, на, Красная площадь/
16. Идите прямо по этому коридору. /Поезжать, улица/
17. Я вернусь через полчаса, после того, как выпью чашку кофе. /20 минут, стакан, пиво/
18. Не спеши, мама. У нас ещё масса времени. /торопиться, ты/
19. Я вам сообщу по телефону, как только придёт машина. /Интурист, ваша виза/
20. Гид покажет нам мавзолей Ленина и Исторический музей. /+ прош., Красная площадь, Кремль/ (мавзолей 'tomb'; Кремль 'Kremlin')
21. В этом бюро оформляют пропуска. /контора 'office', иностранные паспорта/
22. Из Киева сообщают, что грузовики готовы. /Интурист, ваша машина/
23. Он воспользуется случаем поехать на юг. /+ прош., запад/

Exercise 24.4 Variation drill. Rewrite the sentences in the usual fashion.

1. Разговор г-на Кука с горничной оказался приятным. /Встреча, горничная, г-н Кук/ (Г-н is the abbreviation for господин. Remember that this term is used by Russians only in addressing foreigners.)
2. Вы звали меня? /Кто-нибудь, горничная/
3. Он отдал в чистку два костюма. /Она, 2, юбка/

4. Ваш костюм будет готов приблизительно через три дня. /пальто, одна неделя/
5. Я в Москве пробуду всего пять дней. /+ прош., 2, неделя/
6. Г-н Кук хотел, чтобы они почистили костюм побыстрее. /Горничная, попросить, дождевик/
7. Я постараюсь это устроить. /Горничная, + прош./
8. Теперь я должен лечь и немного отдохнуть. /Перед ужином, побриться/
9. Когда у вас в гостинице ужинают? колхоз, завтракать/
10. Ужин в гостинице от шести до десяти. /Обед, 12, 4/
11. Сейчас всего четверть пятого. /уже, 5:45/
12. Когда вы хотите, чтобы я вас разбудила? /ты, папа, ты/
13. Если это вас не затруднит, разбудите меня перед ужином. /ты, обед/
14. Я разбужу вас в половине шестого. /Кто-то, + прош., я, 6:30/
15. Он хотел бы ещё успеть побриться. /боится, что он; + не, поужинать/
16. Позовите милиционера. /+ Кто-то, + прош./
17. Не буди меня так рано! /мы, слишком, поздно/
18. Володя, брейся скорее! Пора идти. /Ребята, завтракать/
19. Вы меня нисколько не затрудняете. /Ты, мы, беспокоить/
20. Он уже давно старается получить паспорт. /Я, виза/
21. Что ты делаешь, бабушка? —Я чищу картошку. /+ прош./
22. Давай поужинаем в этой закусочной. /зайти/
23. Сколько недель вы пробудете в СССР? /день, они, Советский Союз/
24. Вадим обычно ложится спать в десять, но вчера он лёг спать в двенадцать. /Мать, 9:30, она, 11:30/

Exercise 24.5 Read the four passages on pp. 616-617. First write five questions to each of the first two passages and answer them briefly in Russian. Then translate the third and fourth passages into idiomatic English.

Exercise 24.6 Study the section in your textbook on telling time, pp. 609-611 and then answer the questions according to the given models. You may also want to review the time-telling material on pp. 502-504 for time expressions on the hour and at quarter to the hour.

    Set A: Model: Который сейчас час? /4:30/
                    -Сейчас полпятого. <u>или</u> - Сейчас половина пятого.
2:30   6:30   5:30   10:30   7:30   9:30   3:30
    Set B: Model: Во сколько мы уезжаем? /4:30/
                    -В полпятого. <u>или</u> -В половине пятого.
8:30   1:30   11:30   6:30   12:30   7:30   5:30
    Set C: Model: Когда отправляется наш самолёт?
                    /4:15/ -В четверть пятого.
5:15   7:15   9:15   8:15   12:15   2:15   6:15
    Set D: Model: Сколько времени по вашим часам?
                    /9:45/ -Без четверти десять.
2:45   12:45   8:45   7:45   11:45   1:45   10:45

Exercise 24.7 Study the section on simple vs. compound comparatives and superlatives on pp. 611-612 and then rewrite the sentences according to the given model. Model: Этот путь короче. Я знаю более короткий путь.

1. Это пальто теплее. Я бы взял ...
2. Эта юбка дороже. Я бы купила ...
3. Эти вопросы важнее. Давай поговорим о ...
4. Эта картина немного красивее. Давай поищем ...
5. Эта дорога гораздо прямее. Да, это ...

6. Эти лыжи длиннее. Мы ищем ...
7. Этот чай ещё крепче. Кому нужен ...?
8. Эти пирожки гораздо вкуснее. Где можно найти ...
9. Этот материал немного тоньше. На твоём месте я бы купила ...

Exercise 24.8 Now change the comparatives into superlatives, following the model given. Model:
Я знаю более короткий путь. Я знаю самый короткий путь.

1. Никто не хочет жить в более старом доме.
2. Дай мне более тёплую рубашку.
3. Они живут в одной из более удобных квартир.
4. Я теперь пишу более интересную работу.
5. Более дорогие магазины находятся в центре города.
6. Покажите мне более новые шляпы.
7. Давай поговорим о более серьёзном деле.
8. Борис теперь ездит на более дорогом велосипеде.
9. Это один из более приятных парков в Леиинграде.

Exercise 24.9 Study the model sentences on p. 611 and especially the discussion on p. 612, and then translate the sentences into Russian.

1. Leningrad is one of the most beautiful cities in the Soviet Union.
2. Have you heard the latest news?
3. I know many foreign languages, but speak English best (of all).
4. She speaks Russian best of (us) all.
5. Ivan is the youngest student at the institute.
6. His first novel is the most interesting of all.
7. Most of all she loves to talk about other girls.
8. Philip speaks Russian a bit more carefully than we do.
9. Of all the cities of the Soviet Union, Yalta appealed to me the most.

54 / Modern Russian 2: Workbook

Exercise 24.10 Study the last two Structure and Drill sections in your textbook on pp. 613-616 and, by applying the constructions and model sentences given in the text, translate the following sentences into idiomatic Russian.

1. She'd like to lie down and rest a bit.
2. I'd go to the movies if it weren't for the exam.
3. It'd be nice to go for a boat ride.
4. When do you want me to phone you?
5. Professor Orlov wants us to work harder (more).
6. Mr. Cook asked that the maid wake him at half past five.
7. I'd gladly come to the party, but on Wednesday evening I can't.
8. What if we were to suggest that to her?
9. You (fam.) eat too much. You should eat less meat.
10. She said we were to buy bread and milk.
11. Tell her she's to come at quarter past six.
12. See to it that everything is wrapped according to regulations.
13. I doubt that he would return the money.
14. Suggest to her that she might (should) get the coupons from Intourist.
15. When does she want us to phone the Service Bureau?
16. Couldn't you perhaps give me her address?

Exercise 24.11 Study the BSP material on pp. 606-608 and then translate the sentences into idiomatic Russian.

1. Where's the Service Bureau located? -On the first floor across from the elevator.
2. Where's your internal passport? -Somewhere here in my jacket pocket.
3. How long will I have to wait? -About two hours.

Lesson 24 / 55

4. When does she want me to phone, right now? -No, tomorrow morning.
5. Next week I'll get this overcoat cleaned.
6. How many days will they spend in the Soviet Union? -Two weeks.
7. Our group spent one week in Moscow and three days in Yalta.
8. How does one get (by vehicle) to the outskirts of town?
9. It'd be nice to eat breakfast somewhere in the center of town.
10. One of our American tourists would like to shave before supper.
11. The registering clerk wants you to leave your passport and visa.
12. I want to help you and I want you to help me.
13. We'll drive to the dacha by the most attractive (prettiest) route.
14. Our guide showed us the oldest church in Kiev.
15. I'm bored. Let's switch to more serious questions.
16. For dinner we'll need about an hour, maybe a little less.
17. They arrived from London 'Лондон' about half an hour ago, at half past six.
18. The guide was late by 'на' half an hour; he came at 2:30.
19. They went for a stroll and returned <u>two hours later.</u> (in 2 hours)
20. We've got to hurry, the maid will come at quarter after nine.
21. The Soviet Union is the largest country in the world 'мир'.

Exercise 24.12 The following exercise is based on the reading passage on p. 616. Complete the sentences, using the given English cues.

... (Last) летом профессор Кук ездил по ... (the Soviet Union) с ... (a small) группой ... (of American tourists). Кук уже ... (four times) бывал в ...

(the Soviet Union), но раньше он ... (himself) ездил
... (as a tourist), а теперь он должен был водить ...
(fifteen Americans) по всяким интересным ... (places),
доставать билеты и ... (meal coupons), и смотреть,
чтобы никто не ... (lost) документы или ... (drank)
слишком много водки. ... (Every) утро приблизительно
... (at seven o'clock) кто-то ... (had to) его ...
(wake). Он так крепко ... (slept), что даже не ...
(heard) будильника. (будильник 'alarm clock')

LESSON 25

Exercise 25.1 Translate the questions and answer them in the usual manner, observing word order in the questions with asterisks.

1. Where are <u>mother and children</u> planning to go?*
2. What is <u>Petya</u> eating and drinking?*
3. Who hasn't yet finished eating breakfast?
4. What must <u>Tanya</u> do?*
5. What did Tanya notice on the tablecloth?
6. When will they take off the tablecloth?
7. What did Tanya prepare for Petya?
8. Where did she put the clean underwear?
9. What else did <u>Tanya</u> give him?*
10. What did she forget to give him?
11. Where was the bar of soap?
12. What advice did the mother give the son?
13. What did the mother say when Petya put the soap directly in the towel?
14. What does Petya say about the men's side of the bathhouse?
15. Why are the women thinking of going to the public room and not to the private stalls?
16. Why was it necessary for them to take along (with them) an umbrella?
17. What must <u>Petya</u> put on?*

Lesson 25 / 57

Exercise 25.2 Translate the questions and answer them in the usual manner, observing word order in asterisked questions.

1. Why did Petya have to stand in the men's section of the bathhouse?
2. What does Tanya love to do after washing herself?
3. What did she say about the showers?
4. What did the mother offer them after they left the bathhouse?
5. What does Petya say about juice?
6. Is beer sold at the snack bar?*
7. How does Petya want to appear?*
8. What kind of candies did Tanya beg (request) the mother to buy?
9. Where did Petya leave his dirty underwear?
10. Why does the mother want Petya to hurry?
11. What do you usually take, a shower or a bath?
12. What kind of juice do you like more, tomato juice or orange juice?

Exercise 25.3 Variation drill. Rewrite the sentences in the usual fashion.

1. Мать с детьми собираются пойти в баню. /Мы с женой, поехать, дача/
2. Доедай яичницу и допивай молоко. /картошка, апельсиновый сок/
3. Поставь масло в холодильник. /Положить, помидоры/
4. Тут на вашей скатерти какое-то пятно. /твой, плащ/
5. Вчера вечером один из гостей разлил чай на скатерть. /Сегодня утром, Таня, шоколад/
6. Мы снимем скатерть, когда вернёмся из бани. /выстирать, с, базар/
7. Валя, ты приготовила мне чистое бельё? /Таня, выстирать, Петя, грязный/
8. Там на кровати ты найдёшь мохнатое полотенце. /возле, умывальник, чистый/

58 / Modern Russian 2: Workbook

9. Тут нет ни мыла, ни мочалки. /В холодильнике, мясо, рыба/
10. Ты должен заботиться о своих делах. /никогда не, вещи/
11. Заверни мыло в газету и положи его в своё полотенце. /рыба, бумага, она, холодильник/
12. Надеюсь, что мужское отделение бани открыто. /Мать узнавала, женский, на ремонте/
13. В общем отделении дешевле, чем в кабинах. /кабины, дороже, общее отделение/
14. Давайте возьмём с собой зонтик! По радио передавали, что будет дождь. /Обязательно, галоши, сообщать, снег/
15. Петя, надень плащ и галоши. /снять, дождевик/
16. Петя хотел допить молоко и доесть яичницу. /Мама хотела, чтобы Петя + прош./
17. Таня! Позаботься, чтобы всё готово. /Товарищи!, все документы, оформлен/
18. Я готовлю на обед рыбу. /Наша соседка, ужин, уха/
19. Осторожно, а то ты разобьёшь яйца. /яйца, разбиться/
20. Вчера вечером мы были у друзей в гостях. /друзья нас пригласили/
21. Дети! Наденьте галоши! /Мать попросила, чтобы дети + прош./

Exercise 25.4 Variation drill. Rewrite the sentences in the usual fashion.

1. В бане было столько народу, что негде было сесть. /вечеринка, люди/
2. Петя всё-таки хорошо помылся. /Таня, очевидно, неважно/
3. В душевой испортились души. /ванная, душ/
4. Она любит стоять под прохладным душем. /принимать, горячая ванна/
5. Кто из вас хочет томатного сока? /дети, любит пить, апельсиновый/

6. Почему здесь не продаётся пиво? (спиртные напитки 'hard liquor')
7. Когда Вадим начал пить пиво? /С каких пор, Света, вино/
8. Он хочет выглядеть взрослым. /Ваша дочь, уже/
9. Купи моих любимых тянучек, хорошо? /кило, помидоры/
10. Он забыл своё грязное бельё в раздевалке. /новые коньки, каток/
11. Я сейчас побегу в раздевалку за бельём. /каток, коньки/
12. Поторопись! С минуты на минуту польёт дождь. /+ Надо, прийти, гости/
13. Я возьму столько билетов, сколько вы захотите. /достать, талоны/
14. Папа тебе не раз это говорил. /Мастер спорта, мы, показывать/
15. Что ты делаешь? —Я мою фрукты. /вы, Мы, окна/
16. Мы заботимся о траве и часто её поливаем. /Я, сад, он/
17. Таня съела все конфеты. /дала + брат, только 1/
18. Мы ещё не привыкли к свежим фруктам, например апельсинам. /фруктовые соки, апельсиновый сок/
19. После того как она встала, она приняла душ. /Как только, вернуться домой, ванна/
20. Если пойдёт дождь, мы сядем на автобус. /снег, я/
21. Я всегда сажусь на автобус на этом углу. /Раньше он + прош., остановка/
22. Вы сели не в тот автобус. /Я + очевидно, поезд/

Exercise 25.5 Read the five short passages on p. 641. Translate the first two passages into English and then answer the questions to the last three passages briefly in Russian.

Passage 3:
1. Кто кого провожал на вокзал?
2. Куда и зачем едет Тамара?
3. Почему Вадим не мог поехать туда с Тамарой?

4. Что было в их распоряжении после того, как они приехали на вокзал?
5. Как они воспользовались этим свободным временем?
6. О чём они говорили в буфете?
7. Когда приедет на север Вадим?

Passage 4:
1. Почему Петя был очень доволен?
2. Кто поедет в магазин за пивом?
3. На чём он туда поедет?
4. Какие рекламы часто видел Иван Иванович?
5. Кто решил купить это пиво и устроить вечеринку?
6. Что ещё он купил к венеринке?
7. Что он совсем забыл купить?

Passage 5:
1. Что вы можете сказать о родителях Нади и Саши?
2. Где родились Надя и Саша, в СССР или в США?
3. Куда летом собираются поехать брат и сестра?
4. Куда они давно мечтали поехать?
5. Кто их научил прекрасно говорить по-русски?
6. Какие курсы слушали брат и сестра в университете?

Exercise 25.6 Study the verbs of putting on pp. 630-631 in your textbook. Then complete the sentences, first choosing the correct verb, and then putting it in its correct form. Finally, translate the sentences into idiomatic English.

1. Что ты делаешь? —Я ... (класть/ставить) пиво в холодильник.
2. Суп очень вкусный. —Да, мама ... (положить/поставить) в суп и мясо и масло.
3. Отец всегда ... (класть/ставить) старые газеты в гараж 'garage'.
4. Можно ... (положить/поставить) мой чемодан за дверь?
5. Я не могу найти сегодняшнюю 'today's' газету. Куда вы её ... (положить/поставить)?

6. Что мне делать с твоим бельём? -... (Положить/ Поставить) его в шкаф.
7. Раньше он ... (класть/ставить) такие бумаги на полку, теперь он всегда ... их в ящик стола.
8. Мы обычно ... (класть/ставить) машину за угол.
9. Будьте так добры, ... (положить/поставить) стаканы на стол.
10. Мама, ты уже ... (положить/поставить) соль в суп? -Нет, я ещё не ... (класть/ставить).
11. Ребята, не ... (класть/ставить) ваши мокрые 'wet' дождевики на кровать, ... (положить/ поставить) их в ванну.
12. Хотите, чтобы я ... (положить/поставить) свою новую пластинку?

Exercise 25.7 Study the verbs of sitting, lying, and standing on pp. 631-633, noting that a different set of verbs is used for assuming each of these positions vs. being in such positions already. Then complete the sentences, using the appropriate verb in its correct form.

1. Здравствуйте дорогие друзья. ... (Sit down), пожалуйста!
2. Мама, этот стул неудобный. -Ну, почему ты ... (are sitting) на нём?
3. Давай ... (take, lit. sit down) на этот автобус!
4. Раньше Олег всё время ... (sat) дома.
5. Как только Зина ... (got, lit. sat down) в автобус, она заметила свою старую подругу, которая ... (was sitting) недалеко от неё.
6. Что это ... (is lying) в траве?
7. Уф, как я устала! Я ... (will lie) здесь на диване ещё несколько минут.
8. Когда вы обычно ... (retire, go to bed) спать? [The verb спать is often omitted as understood in this expression].
9. -Обычно мы ... (retire, go to bed) в десять, но вчера мы ... (went to bed) очень поздно, в час ночи.

10. Столько народу! Мне негде здесь ... (to stand).
11. Мама, не ... (step, get) в эту очередь, лучше ... (get, step) вон в ту очередь. Там меньше людей.
12. Она ... (got, stepped) в очередь, но вдруг решила, что она не хотела ... (to stand) в очереди.
13. Вы долго ... (were standing) в очереди? —Нет, я ... (stood, pfv) всего десять минут, не больше.
14. Петя, не ... (lie down) на землю, там грязно.
15. Давай ... (lie down) на траву и воспользуемся приятной погодой.
16. —Ладно. Я очень люблю ... (to lie) на траве и смотреть на небо.

Exercise 25.8 Study the section on the declension and usage of этот and тот on pp. 633-635. Then translate the sentences into Russian.

1. These candies are more expensive than those.
2. This jacket is warmer than that one.
3. This tablecloth is cheaper than that one.
4. Which hat will you (fam.) buy, this one or that one? -Neither (one).
5. Which newspaper do you read, "Pravda" or "Izvestia"? -Both of them.
6. This bicycle isn't bad, but that one is much better.
7. I always see him wearing that same suit (in one and the same suit).
8. They gave me the wrong raincoat.
9. We got on the wrong train.
10. Our children play with the same children every day.
11. Her husband died last year and since that time she rarely steps out of the house.
12. You have a new bed? -No, the same one.
13. This route (way) is shorter than that one.

14. Which skirt are you taking, this one or that? -Neither.
15. This sausage is much tastier than that one.

Exercise 25.9 Study the section on the emphatic pronoun сам (pp. 635-637) and the reflexive personal pronoun себя (pp. 637-638). Note that while the former is fully declined, the latter has no nominative case form and has only three different forms. First decide which pronoun to use, then supply the correct form.

1. Как вы ... чувствуете? -Гораздо хуже, доктор.
2. Давай купим ... шоколада. -Нет, я ... не люблю шоколада.
3. Возьмите с ... зонтик на всякий случай. По радио передавали, что будет дождь.
4. У них ... нет денег. Вы ... должны это знать!
5. ... горничная не смогла сказать, когда костюм г-на Кука будет готов.
6. Зина довольно ..., она получила пятёрку 'an "A"' на экзамене.
7. Наши соседи пригласили нас к ... на обед.
8. Тебе надо поговорить с ними ... об этом деле.
9. По-моему это очень плохой фильм. -Да, ... директору не нравится этот фильм.
10. Где Светлана? -Она пошла к ... в комнату.
11. Мы ожидаем ... космонавта с минуты на минуту.
12. О ком ты говоришь, о ... директоре?
13. Где это случилось, в коридоре? -Нет, в ... аудитории.
14. Спросите ... милиционера. Он ... вам скажет, как этот негодяй сбил меня с ног и украл мою сумку.
15. У неё ... нет времени. Она ... очень занята.

64 / Modern Russian 2: Workbook

Exercise 25.10 Study the section on indefinite expressions of quantity on pp. 638-640 and then complete the sentences.

1. На вечеринке было ... (so many people), что негде было сесть.
2. У ... (how many tourists) ещё нет талонов на еду?
3. Со ... (how many girls) он уже знаком?
4. Купи яйца и ... (several tomatoes/a few tomatoes).
5. ... (So many boys) хотят выглядеть взрослыми.
6. Возьми с собой ... (as much ice as) сможешь.
7. Купите ... (as many oranges as) сможете.
8. Я вам уже дал ... (as much money as) смог.
9. ... (How many) там было ... (people)? -Очень ... (few).
10. Горбачёв говорил с ... (several foreigners) на вечере.
11. Вы, кажется, бывали во ... (many countries) мира.
12. У нас осталось пиво? -Да осталось ... (a little beer).
13. ... (How many guests) вы ожидаете? -Около двенадцати.
14. ... (Many stores) были закрыты с двух до четырёх.

Exercise 25.11 Study the BSP material on pp. 626-628 and then translate the sentences into idiomatic Russian.

1. Where are the napkins and glasses? -I always put the napkins in the drawer and I put (stand) the glasses on the shelf.
2. Where am I to park the car? -Park it around the corner.
3. Where should we sit down? -Sit down to (behind) the table.
4. Unfortunately, there were no beds and we had to lie down (to sleep) on the floor.
5. Step into this line! -No, I don't want to stand in line.
6. Where can I find a bar of soap and a towel? -Over yonder near the washstand.
7. Petya, don't lie down on the grass, it's wet (мо́кро) there.
8. They announced on the radio that there'd be rain. So just in case, put on your raincoats.
9. Ask the guests to take off their rubbers in the hall.
10. That character thinks only about himself.
11. Are you pleased with yourself? -Yes, I got an 'A' (пятёрка) on the exam.
12. Let's go upstairs to our room. (lit. to ourselves)
13. Last week she was sick, but when I saw her today she looked well.
14. The director himself will take care of this.
15. Very few people were at the meeting and many left before the end.
16. So many people are at the market today. -Yes, many came here to buy these fine oranges.
17. How many cups of chocolate did you drink? -Not a single one.
18. How many skaters did you talk with at the rink? -A lot.

Exercise 25.12 The following exercise is based on one of the reading passages on p. 641. Fill in the missing items.

Тамара ... (is leaving) в Сибирь на практику, и Вадим её ... (is seeing off) на ... (bus автобусный) station. Он ... (put) её вещи в ... (the trunk) своей машины и ... (drove) её до ... (the bus) ... (station). Они ... (arrived) довольно рано, и в их ... (disposal) было около ... (an hour). Они решили ... (to take advantage) этим временем и зашли в ... (small cafe) недалеко от станции. Они ... (sat down) за стол в углу и заказали ... (two cups) шоколада. Вадим и Тамара долго ... (sat) там, говорили о ... (themselves) и ... (daydreamed) о будущем. Они оба ... (wished), чтобы Вадим ... (could) поехать с ней в Сибирь, но он, конечно, не мог бы сразу ... (obtain, get) нужные бумаги. Тамара дала слово написать ему поскорее ... (a long letter) и Вадим решил приехать в будущем году.

LESSON 26

Exercise 26.1 Translate the questions and then answer them in the usual fashion.

1. Who needs a room?
2. Who are Sveta and Ira talking about?
3. Who got married, Ira or Olya?
4. When was the <u>wedding</u>?*
5. Whom did Olya marry?
6. Where does <u>Olya's husband</u> study?* (Use possessive adj Олин.)
7. Describe (описа́ть) Mikhail Solovyov.
8. How many years of graduate study does he have left?
9. Where will they send him when he finishes (fut.) graduate work?

10. Why can't she live in the meantime at her brother's place?
11. Where does Mikhail hope to get a room?
12. Can one count on it?
13. Why is it difficult to find a suitable room in a private house?
14. Which of them just yesterday heard about a room which is for rent?
15. Where is the <u>room</u> located?*
16. For how much money per month does this <u>room</u> rent?*
17. Are you married? (Use the appropriate form in both question and answer.)

Exercise 26.2 Translate the questions and then answer them in the usual fashion.

1. In what kind of room does this <u>conversation</u> take place?*
2. What kind of room is <u>Olya</u> looking for?*
3. What does the landlady say about the room and about the street?
4. Is there much (Много ли) traffic on this street?
5. What did Olya notice on the wall when she entered the room?
6. Besides the furniture already in the room, what else does Olya's husband need?
7. Where were they thinking of putting (to put) the writing table?
8. What will they need to move closer to the wall?
9. Why will they have to go to the bathhouse?
10. Where can they wash up (i.e. hands and face)?
11. Who else besides the landlady cooks in the kitchen?
12. What does the landlady say about dishes?
13. Why would that come in (be) very handy for Olya?
14. Do Olya and Mikhail now live together?
15. When can they move in?
16. What did she give the landlady and when will she pay the rest of the (remaining) money?
17. Whom did <u>Mikhail Solovyov</u> marry?*

Exercise 26.3 Variation drill. Rewrite the sentences in the usual way.

1. Оле с мужем нужна комната. /Он, необходим, лампа для работы/
2. Ты слышала новость? Ольга вышла замуж. /Михаил, жениться/
3. Когда была свадьба? —На прошлой неделе. /+ буд., соревнования (pl.), через 2/
4. За кого она вышла замуж? /На, он, жениться/
5. Оля выходит замуж за Михаила. /Михаил, жениться, на, Оля/
6. Он высокий блондин, с карими глазами. /Она, невысокий, синий/
7. Он симпатичный и очень способный, учится в Нефтяном институте. /Она, на, факультет иностранных языков/
8. Я очень рада за Олю. Её муж Михаил получает работу на Кавказе, в Баку. /Мы, Михаил, Он, скоро + поехать/
9. Они надеются переехать к Олиному брату. /+ пока что, жить, у/
10. Им придётся снять комнату в частном доме. /Мы, + прош./
11. Недалеко отсюда сдаётся комната. /Близко от, озеро, дача/
12. Где-то возле Гастронома номер один сдаётся комната. /Как раз, за, квартира/
13. Эта комната стоит тридцать три рубля в месяц. /+ За, эта квартира, надо платить, 45, неделя/
14. Обязательно узнай точный адрес и скажи Оле. /Завтра + я + буд., позвонить/
15. В то время он был аспирантом в этом институте. /3 года, она, аспирантка, наш университет/
16. Она высокая блондинка с зелёными глазами. /Он женился на, карий/
17. Владимир придёт на вечеринку позже с невестой. /Нина, жених/
18. Теперь нам приходится работать по субботам. /В то время, + прош., воскресенья/

19. В комнату вошёл человек высокого роста.
    /закусочная, женщина, низкий/
20. Оля замужем за Михаилом. /Олин брат, женат, на, Любовь Петровна/
21. Михаил уезжает на Кавказ на будущей неделе.
    /Тамара, выходить замуж/
22. Ты должен писать письма домой почаще. —К сожалению, мне некогда писать. /Вы с женой, мы/
23. Почему ты всё время сидишь дома? —Мне некуда идти. /он, Она/

Exercise 26.4 Variation drill. Rewrite the sentences in the usual way.

1. Мы ищем меблированную комнату. /светлая и сухая/
2. Эта улица такая тихая. /площадь, шумный 'noisy'/
3. Какая у вас хорошая обстановка! Вся эта мебель останется здесь? /прекрасный, мебель, эти ковры/
4. Моему мужу необходим письменный стол. /Мы оба, лампы для работы/
5. Давай передвинем комод ближе к стене. /лампа, кресло/
6. Мы поставим письменный стол между комодом и буфетом. /гардероб, кресло, диван/
7. В старой комнате было удобно, но тут ещё удобнее. /уютно/
8. В старой квартире не было ни ванной ни спальни (спальня 'bedroom'). /новый, будет, и..и/
9. Кухня у тебя такая просторная. (Гостиная 'living room', уютный)
10. Если у вас нет своей посуды, то можете пользоваться моей. /ты, велосипед/
11. Они живут вместе, недавно поженились. /отдельно, расстаться/
12. Если можно, я вам дам часть денег сегодня, а остальные деньги завтра. /заплатить, половина, послезавтра/
13. По дороге домой я зайду в лавку на углу за молоком. /Гастроном номер один, апельсины и шоколад/

14. Хозя́йка меня́ познако́мила с друго́й кварти́ранткой.
    /Хозя́ин, кварти́рант/
15. Та́ня, умо́йся и сади́сь за́втракать. /Де́ти, у́жинать/
16. Стано́вится ещё холодне́е. /тёмный/
17. Я говорю́ гро́мко, а он говори́т ещё гро́мче. /ти́хо/
18. Па́па весь мо́крый, дождь пря́мо льёт. Он почему́-то оста́вил зо́нтик до́ма. /Ма́ма, Она́/

Exercise 26.5 Read the three passages on pp. 664-665. Translate the second and third passage into English, and answer the following questions briefly in Russian. They are based on the first passage.

1. В како́м до́ме Орло́в нашёл ко́мнату?
2. Ско́лько вре́мени жи́ли вме́сте Орло́в с това́рищем?
3. Почему́ Орло́ву на́до бы́ло иска́ть себе́ но́вую ко́мнату?
4. Како́й сове́т дал ему́ до́ктор?
5. Почему́ но́вая ко́мната ему́ не понра́вилась?
6. Почему́ ему́ пришло́сь передви́нуть ме́бель?

Exercise 26.6 Study the material on declension of surnames, pp. 654-655, especially the sample table on p. 654, and then complete the following sentences.

1. /"Евге́ний Оне́гин"/ Ра́зве вы не чита́ли ...?!
2. /"Евге́ний Оне́гин"/ Вы знако́мы с ...?
3. /Михаи́л Соловьёв/ Как я зави́дую ...!
4. /"А́нна Каре́нина"/ Вы чита́ли ...?
5. /"А́нна Каре́нина"/ Вы знако́мы с ...?
6. /Верёвкины/ Что вы зна́ете о ...?
7. /Алексе́й Петро́в/ Мо́жно рассчи́тывать на ...?
8. /Соловьёвы/ Хозя́йка познако́мила Олю с ....
9. /"Бра́тья Карама́зовы"/ В про́шлом году́ мы чита́ли ....
10. /Ири́на Орло́ва/ Переда́йте приве́т ....
11. /Влади́мир Алексе́ев/ Переда́йте приве́т ....
12. /Цара́пкины/ Переда́йте приве́т ....
13. /Михаи́л Семёнов/ Что вы слы́шали о ...?

14. /Любовь Петровна Ильина/ Вся Москва говорит о ....
15. /Иван Иванович Осипов/ Познакомь меня с ....

Exercise 26.7 Study the verbs and expressions for marrying, being married, on pp. 656-658. Then translate the sentences into Russian.

1. Is Oleg married? -No, but his sister Nina is married.
2. When are they going to get married? (When will they marry?)
3. Have you heard the news? Victor is getting married.
4. Who is he marrying? -Vera Orlova.
5. Is your sister Irene married? -Yes, she's married to Ivan Kozlov.
6. She married him two months ago.
7. Is it true that Boris and Tamara are married?
8. Yes, they got married six months ago.
9. I heard that Svetlana is getting married.
10. They say she'll marry Vadim Pushkin in two months.
11. That's interesting. I was told that Boris Khitrov is planning to marry Vadim's sister Zina.

Exercise 26.8 Study the section on verbs with infinitives ending in -авать(ся) on pp. 658-659, noting the special patterning of these verbs. Following is a checklist of verbs so far encountered that belong to this class. Using your final Russian-English glossary, supply the meaning(s) for each verb and the third person plural present tense form for each. All are imperfective.

1. вставать
2. давать
3. доставать
4. оставаться
5. отставать
6. передавать
7. преподавать
8. признаваться
9. продавать
10. расставаться
11. сдаваться
12. узнавать

Exercise 26.9 Now translate the sentences into Russian, using the verbs listed in Exercise 26.8. One additional expression should be noted: 'to take an exam' is сдава́ть экза́мен; its pfv сдать экза́мен means 'to pass an exam'.)

1. Why do you get up so late?
2. Where do you (fam.) get (hold of) such things?
3. My watch is three minutes slow (lags behind by three minutes).
4. Last week my watch was five minutes slow.
5. I heard that you're selling your bicycle. (fam.)
6. It's a good bicycle, don't sell it!
7. Why doesn't she ever recognize me?
8. I heard that there's a room for rent in this house.
9. Today we take a history exam. (an exam on history)
10. Don't stay so late at the office. (fam.)
11. Last week I got up at six every morning.
12. Where does she teach, in Baku?
13. We usually remain in town until August 15th.
14. I confess, I stole the five rubles. I'm guilty.
15. What will you be doing during the summer? -I'll be giving Russian language lessons.

Exercise 26.10 Carefully review the uses of the dative case on pp. 661-662, as well as the models given on pp. 559-561. Then translate the sentences, using these dative constructions.

1. Our landlady needs a new rug.
2. It's essential for my husband to have (my husband needs) a work lamp.
3. Show these newlyweds (молодожёны) the kitchen.
4. We're selling our old sofa to these grad students.
5. Poor Svetlana, she so envies her (own) sister.
6. I'd buy myself a car if I had the money.
7. I'm surprised at you! Aren't you ashamed of yourself! (fam.)

8. Do you like me? -Yes, I like you.
9. Who will help the Solovyovs? They've nowhere to live.
10. Last night we couldn't seem to sleep.
11. She was sick, but she's better now.
12. This has to be done by Monday.
13. We always go to the bathhouse on Saturdays.
14. We simply don't know where we ought to go.
15. You've no time to play cards.
16. My family is moving closer to Leningrad.
17. How did you like the party? -We had fun.
18. Let's go down this road. It goes closer to the lake.
19. Am I disturbing you?
20. I was forced (had) to work all day Saturday.
21. When am I to (should I) come again, doctor?

Exercise 26.11 Study the section on telling time in minutes, pp. 662-664, then write out the times according to the given models, using colloquial style for the first two sections, and official style for the third section.

Set A: Model: Который сейчас час? /12:46/
              -Сейчас без четырнадцати час.
/1:40   6:50   8:35   11:55   9:37   5:32   2:43/

Set B: Model: Во сколько отходит ваш поезд?
              /12:20/
              -В двадцать минут первого.
/6:10   3:05   7:25   10:23   1:18   4:21   9:30/

Set C: Model: Когда отправляется самолёт? /5:05/
              -Самолёт отправляется в пять ноль пять.
/7:40   8:47   9:15   2:45   10:56   1:18   3:22/

Exercise 26.12 Study the BSP section on pp. 650-652, and then translate the sentences into Russian.

1. What's the time now? -Twenty-five to four.
2. It's already twenty-two minutes to eight, time to be going to the market.
3. What time do you have (by your watch)? -It's now five minutes past six.
4. Let's go home. It's already twenty-six minutes past eleven.
5. When will the bus come? -According to the schedule at five of (to) nine.
6. When does the plane depart? -At sixteen minutes after ten.
7. When is your plane flying? -At 5:36. (Use official style.)
8. Report this to comrade Tsarapkin.
9. Where were you yesterday evening? -We visited (were guests of) the Solovyovs.
10. Are you acquainted with Alekseev? -I know Boris Alekseev.
11. My daughter married Oleg Volkov.
12. Our son married Tamara Volkova.
13. Yesterday I played chess with Kozlov himself.
14. Is your daughter Zina married? -No, she's getting married in two weeks.
15. Volodya would like to marry Katya.
16. Is your son Eugene already married? -Yes, he and (with) Nina Orlova got married last summer.
17. Both our daughters are married, but our sons aren't married yet.
18. Tamara and Vadim plan to marry next year.
19. Where does your wife get such fresh produce?
20. Before, she didn't used to give up so soon.
21. We just have to have new furniture.
22. I don't recognize the old place. Where did you (fam.) get such beautiful furnishings?

Exercise 26.13 Read the following passage, filling in the missing items.

Алексей Волков по специальности 'specialization' инженер-химик. Он работает на одном из самых больших заводов в городе Баку. Рабочий день Волкова начинается ... (at eight o'clock) утра. Он встаёт ... (at half past six), делает утреннюю зарядку 'morning exercises', чистит зубы 'teeth' и принимает прохладный душ. Пока что Марина, его жена, которая всегда встаёт ... (at quarter past six), готовит завтрак. После завтрака, ... (at twenty past seven) он одевается 'dresses', выходит из дома и идёт на автобусную остановку. Через ... (twenty-five) минут, то есть ... (at quarter to eight), он уже на заводе. Обычно он приходит в лабораторию ... (at ten minutes to eight), то есть за десять минут до начала работы. Работа кончается ... (at four o'clock). Волков иногда ходит домой пешком. По дороге домой он заходит в книжный 'book (adj.)' магазин, чтобы посмотреть самые новые книги. Приблизительно ... (at five o'clock) он уже дома. Он читает газету, и ... (at quarter past seven) они ужинают. Если по телевизору 'TV' идёт что-нибудь интересное, они смотрят передачу 'broadcast'. ... (At eleven-thirty) или ... (quarter to twelve) они ложатся спать.

Exercise 26.14 Now translate the entire exercise (26.13) into idiomatic English.

LESSON 27

Exercise 27.1 Translate the questions into Russian and answer them in the usual manner.

1. What are Victor and Philip talking (conversing) about?
2. Why is Victor limping?
3. Who hit Victor in the knee?
4. When did it happen?

5. Why does Philip say that he knows how painful it is?
6. What did Philip play, soccer or hockey? What (lit. who) was he?
7. On what kind of team did <u>Philip</u> play?*
8. How many friends (pals) were there?
9. When did they play baseball?
10. What Russian game is our <u>baseball</u> similar to?*
11. What does Philip say about the word 'lapta'?
12. What do we hear with?
13. What do we see with?
14. What kind of doctor is it necessary to consult when a <u>tooth</u> aches?* (зубно́й врач 'dentist')
15. Name the part of the body between the head and the shoulders.
16. Name two parts of the body between the neck and the hips.

Exercise 27.2 Translate the questions and answer them as usual.

1. What game will the <u>fellows</u> be playing?*
2. In whose place (Instead of whom) will <u>Philip</u> be playing?*
3. Does Philip know how to play soccer?
4. Why won't it be hard for Philip to learn to play soccer?
5. What did he play in America?
6. What must they explain to him?
7. What kind of clothing does he have?
8. What did <u>Victor</u> lend him?*
9. Why does <u>Philip</u> think that he won't be able to play?
10. Whose soccer shoes turned out to be too small for him?
11. What size does <u>Philip</u> wear?*
12. Is it in American style or in Russian style?
13. Whose soccer boots did he finally try on?
14. Did Kolya's soccer boots fit Philip?

Lesson 27 / 77

15. Why won't Kolya be able to play soccer today?
16. When is it especially necessary to dress as warmly as possible?
17. Do you have a younger brother or a younger sister?
18. Do you have an older brother or an older sister?

Exercise 27.3 Variation drill. Rewrite the sentences in the usual way.

1. Мужчины долго разговаривали о спорте. /Женщины, весь вечер, одежда/
2. Почему ты хромаешь? -У меня болит нога. /вы, колени/
3. Вчера Олег ударил меня по колену, когда мы играли в футбол. /кто-то, голова, хоккей/
4. Ему как-то разбили ногу во время игры. /Она, сломать, рука/
5. Он был вратарём в любительской команде. /капитан 'captain', профессиональный/
6. Нас было шестеро приятелей. /Вы, четверо, аспирант/
7. Мы играли зимой в хоккей, а летом в бейсбол. /осень, волейбол, весна, баскетбол/
8. Я слыхал про ваш бейсбол. /Мы, о, баскетбол/
9. Лапта похожа на ваш бейсбол. /Бейсбол, лапта/
10. В лапту играют деревенские ребята. /хоккей, городской, парни/
11. Какое странное слово "лапта". Это от слова "лапа"? /"подушка" 'pillow', "душа"/
12. -Нет, не думаю. "Лапта" скорее от слова "лопата". /"Подушка", "под" и "ухо"/
13. Мы живём в деревне. /Давай поедем/
14. У тебя на лбу какое-то пятно. /вы, майка/
15. Мне больно повернуть шею. /Он, голова/
16. У меня болят уши. /ребёнок, ухо/
17. У меня сегодня болит зуб. /вчера, + прош., грудь/
18. Ты узнаёшь её? -Да, её лицо мне знакомо. /Вы, этот высокий блондин, его/
19. Эта шляпа тебе не к лицу. /пальто, он/
20. Мне нужна комната на двоих. /Мы, номер, 3/

Exercise 27.4 Variation drill. Rewrite the sentences in the usual way.

1. Пусть Филипп играет вместо меня. /Таня, готовить ужин, мама/
2. Филипп будет вратарём. /+ прош., наш гид/
3. Разве Филипп умеет играть в наш футбол? /знать правила/
4. Ему не трудно будет научиться играть в эту игру. /Володя, + прош., кататься на коньках/
5. В США ванна и уборная обычно в той же комнате. /СССР, разные комнаты/
6. Если хотите, я вам объясню правила этой игры. /Он хочет + чтобы/
7. Кажется, у него есть нужная одежда и бутсы. /К сожалению, не было/
8. Какой номер шляпы ты носишь? /размер, ботинки/
9. Твои бутсы мне оказались малы. /майка, велик/
10. Может быть Колины бутсы тебе подойдут. /пиджак, вы/
11. У него больший размер, чем у Виктора. /Таня, тот же самый, как, Светлана/
12. Давай я примерю его бутсы. /Мама хочет + чтобы, эта майка/
13. Эта шляпа мне вполне подходит. /брюки, он, совсем не/
14. Коля ничего не будет иметь против, если ты возьмёшь его бутсы. /Таня, вы, примерить, её юбка/
15. Наш профессор хорошо объясняет самые важные правила русской грамматики. /Мой приятель, часто, + прош., эта игра/
16. Я слышал, что Коля простудился. /бояться, я, + буд./
17. Зачем ты надеваешь пальто? На дворе тепло. /брать, зонтик, очень приятно/
18. Одевай ребёнка потеплее. На дворе очень холодно. /Одеваться, улица/
19. Я оденусь и пойду в лавку за молоком. /Пусть дядя Ваня, водка/

20. Вы знаете разницу между словами "бутсы" и "ботинки"? /Какая разница, "другой" и "разный"/
21. Купи себе новый галстук. Этот галстук тебе не к лицу. /шляпа/
22. Эти мальчики того же самого роста. /Наши сыновья, одинаковый/
23. Мои ботинки меньшего размера, чем твои. /брюки, больший/
24. Можно вам представить мою старшую сестру? /Разрешите, младший брат/

Exercise 27.5 Read the three passages on p. 685 for meaning. Then translate the second passage into idiomatic English and answer the following questions based on the first and third passages.

Passage 1:
1. Почему он хочет, чтобы Саша одолжил ему свой велосипед?
2. Чей велосипед он хочет взять?
3. С кем он хочет покататься в парке, с Сашей?
4. Откуда приехала Тамара?
5. Она блондинка или брюнетка?
6. Какие у неё глаза, карие?
7. Какого она роста, низкого или высокого?

Passage 3:
1. Что делала молодая пара после концерта? (пара 'couple, pair')
2. Какая была ночь, жаркая или холодная?
3. Почему они не замечали, что был мороз?
4. Куда хочет поступить Галя?
5. Почему Витя не хочет, чтобы она поступила в Нефтяной институт?
6. Почему Витя не мог посидеть с ней в тёплой комнате?
7. Почему они не очень долго продолжали спорить?
8. Кто из них первый почувствовал холод?

Exercise 27.6 Study the section on the declension of possessive adjectives formed from жена-class nouns (mostly nicknames) by means of the suffix -ин- on pp. 676-678. Then complete the sentences according to the given model, marking the stress on the adjectival form. Model: Это ... платок. /Света/ Это Светин платок. That's Sveta's handkerchief.

1. Это ... бельё. /Петя/
2. Покажи нам ... комнату. /бабушка/
3. Я нашёл ... пальто. /Коля/
4. Возьми ... бутсы. /Витя/
5. Надень ... плащ. /Наташа/
6. Ты знакома с ... братом? /Миша/
7. Чьи это ботинки, ...? /Саша/
8. Давай покатаемся на ... лодке. /Боря/
9. Наша дача недалеко от ... избы. /дедушка/
10. Мы переезжаем немного ближе к ... дому. /папа/
11. Надо сейчас же позвонить ... матери /Оля/
12. От кого ты узнал это? -От ... отца. /Вера/
13. О ком вы говорите? -О ... муже. /Люба/
14. Ты уже знакома с ... невестой? /Володя/
15. Я тебе покажу ... фотографию. /Мама/
16. Почему ты был в ... комнате? /дядя/

Exercise 27.7 Study the two Structure and Drills sections covering third person and first person imperatives (sg. and pl.) on pp. 678-681, and then translate the sentences into Russian.

1. Let me do that for you.
2. Have him do that.
3. Let us do that instead of you.
4. Let Tanya buy the beer today.
5. Let me put on a record.
6. Have Kolya's father help you.
7. Let me help you.
8. Let the tourists wait a while.
9. Let Volodya's brother himself tell us.
10. Don't have them work on Sundays.

11. Have Borya run to the store for the milk.
12. Let Natasha show them where we live.
13. Have the children play in the garden.
14. See that (Let) Victor and Svetlana get up in time.
15. Let them think what they want.
16. I know how to cook fish, let me cook the fish.
17. Let Vera go to the dance if she wants to.
18. Have them come tomorrow, I'm too busy today.
19. Kolya had better not go to the country, he's got a bad cold.
20. Let us help you with that heavy suitcase.

Exercise 27.8 Review the uses of the accusative case on pp. 681-685, especially the discussion section. Then complete the following sentences.

1. Одолжите мне ... (this new book). —Хорошо, я её вам одолжу, но только ... (for one week). Мне надо её вернуть ... (to the library).
2. Куда можно поставить ... (the car)? —Поставь её ... (behind the house).
3. Танин брат кончил ... (the exam) за ... (one hour).
4. Объясните мне, пожалуйста, ... (this game).
5. Мой новый пиджак стоил всего ... (forty-one rubles).
6. Я много слышал про ... (your wedding).
7. Сколько раз ... (per month) вы ходите ... (to the bathhouse)?
8. В ... (what game) вы играете, ... (tennis) или ... (volleyball)?
9. Где мои сигареты? —Кажется, они упали ... (behind the sofa).
10. Куда исчезла тётя Вера? —В ... (this small shop).
11. Мы уезжаем сегодня и вернёмся домой ... (in one week).
12. Мне говорили, что ... (on this Saturday) будут танцы.
13. Положи ... (these old folders) в ... (the corner).
14. Спасибо ... (for the lovely present)!

15. Мы прошли только ... (one mile) и она уже устала.
16. На ... (how many) лет он старше тебя? -... ((By) one year).
17. Дайте этим новым туристам ...(coupons) на ... (meals).
18. Мы должны перейти через ...(this square).
19. Сашина мать опять больна. Она ...(all night) не спала.
20. Где моя папка? -Кажется, она упала ...(under the seat).
21. Я заплатила только ... (thirty-one kopecks) за ... (these tomatoes).
22. Мы вчера познакомились со Светланой. Она очень похожа на ... (your younger sister).
23. Я еду ... (to the country (village)). -Вы долго там будете?
24. -Да, я там буду ... (all summer).
25. Мы едем ... (to Europe) на ... (twenty-one days).

Exercise 27.9 Study the BSP section on pp. 673-675 and then translate the following sentences into idiomatic Russian.

1. Olya's husband has a bad cold and is afraid that she'll also catch cold.
2. Please lend me ten rubles. -Unfortunately I can't, I already loaned Kolya's uncle all my money.
3. Your coat turned out to be too small for me, but I'm sure that Sasha's coat will fit me fine.
4. He wears the same size as I do. -What size is that? -Size ten.
5. I can't wear these shoes. I ordered a smaller size.
6. Petya wears a larger size overshoe than his father.
7. This tie doesn't become you at all.
8. Her new skirt really is becoming on her.
9. Have your son try on these light-blue trousers.
10. Tell Petya he's to take off his rubbers in the corridor.

Lesson 27 / 83

11. Let Olya's husband play chess instead of me.
12. Let your daughter stay at grandmother's if she wants to.
13. Let me drive you as far as the station. (Use довезти́.)
14. Let me teach you the rules of the game.
15. Let me carry that heavy parcel as far as the post office. (донести́)
16. Are those Petya's trousers? -No, Misha's.
17. They say that Katya's older sister is getting married.
18. Are you acquainted with Mila's fiancé?
19. Do you know Alyosha's fiancée?
20. Are these mama's things? -No, grandmother's.
21. What do you play, chess? -No, we usually play cards.
22. My uncle was a soccer player. He was goalkeeper on a professional team.
23. What hurts you? -I have a toothache, I have to see (consult) a dentist. (зубно́й врач 'dentist.)
24. I had a stomach ache, but now I'm much better.
25. I've never heard anything good about that man.

Exercise 27.10 Read the following passage for meaning. New words are glossed and underscored. Then make a list of all nouns used in the accusative case, listing their nominative form in parentheses if it differs from the accusative.

Бори́с и Ка́тя в пе́рвый раз встре́тились на те́ннисном ко́рте 'tennis court' и через ме́сяц пожени́лись. Это́ бы́ло бо́льше двена́дцати лет тому́ наза́д, когда́ они́ ещё учи́лись в университе́те. Тепе́рь у ка́ждого своя́ карье́ра 'career', но они́ о́ба продолжа́ют интересова́ться спо́ртом. Бори́с уже́ мно́го лет игра́ет в хокке́й, и кроме э́того, он о́чень лю́бит пла́вание 'swimming'. Не́сколько раз в неде́лю он хо́дит в бассе́йн 'pool', иногда́ вме́сте с Ка́тей. Она́ то́же лю́бит пла́вать, но её люби́мый спорт те́ннис. Когда́ она́ была́ аспира́нткой, она́ получи́ла зва́ние 'title' ма́стера спо́рта по те́ннису. Она́, коне́чно, игра́ет в те́ннис лу́чше, чем муж, но всё равно́ они́ ча́сто игра́ют вме́сте.

У них теперь двое сыновей, Олег и Александр. Старшему сыну Олегу теперь восемь лет, а Саше всего пять лет. Олег хорошо плавает, ходит на лыжах и катается на коньках. Но больше всего он любит футбол. Он знает <u>названия</u> 'names' всех футбольных команд и смотрит по <u>телевизору</u> 'television' все соревнования по футболу. Когда его спрашивают родители, кем он хочет стать, когда он вырастет, он всегда отвечает: "<u>Капитаном</u> 'captain' футбольной команды".

Младший сын Саша ещё не ходит в школу, но уже занимается спортом. Каждую неделю мама водит его в специальную школу <u>фигурного катания</u> 'figure skating'. Пока мама читает книгу или газету, Саша вместе с другими <u>дошкольниками</u> 'pre-schoolers' учится кататься на фигурных коньках.

Очевидно, что все в этой семье очень любят спорт.

Exercise 27.11 Word recognition exercise. Translate the following sentences which contain some new words based on or related to words you already know. Those that are not found in the final glossary of the text are listed following the exercise. Try to guess the meanings of new words from the context and from the meaning of the words related to them before looking them up.

1. Я вам очень <u>благодарен</u> за этот новый материал.
2. Дорогие гости, проходите в <u>гостиную</u>. Там будет удобнее.
3. В нашей библиотеке есть большой <u>читальный</u> зал.
4. Ты ходил в школу без пальто, а теперь у тебя сильная <u>простуда</u>.
5. Они живут в <u>центральной</u> части Ленинграда.
6. Какой <u>высоты</u> эта гора? —Точно не знаю, но это очень высокая гора.
7. Почему ты встаёшь так поздно? —Я не слышал <u>будильника</u>.
8. Бедная Лиза! Она целый месяц лежит в <u>больнице</u>.
9. Дай, я вам помогу с этим чемоданом. —Спасибо за <u>помощь</u>.
10. Посмотри, как эти дети играют в <u>грязи</u>!

11. Мне очень нравятся эти шоколадные конфеты.
12. Для меня это был тяжёлый удар.
13. У меня болит зуб. Так обратись к зубному врачу.
14. Она чувствовала себя одинокой в пустом доме.
15. Я не могу дать никакого объяснения.
16. Вы не имеете права читать мои письма.
17. Это личные письма.
18. Какая у него специальность?
19. Он много знает о нефти.
20. Профессор Орлов хочет, чтобы мы описали жизнь в деревне.
21. Вы уже сделали проверку его документов?
22. Что вы знаете об исчезновении товарища Потапова?
23. Это вопрос большой важности для нас.
24. В такую дождливую погоду мы никуда не ходим.
25. Прошлым летом было много солнечных дней.

помощь 'f. help, assistance'
удар 'blow'
зубной врач 'dentist'
объяснение 'explanation'
иметь право 'to have a right'
личный 'personal'
проверка 'check, verification'
исчезновение 'disappearance'
важность 'importance, significance'
солнечный 'sunny, sunshiny'
специальность 'specialization, line of work'
нефть 'oil'
описать 'pfv to describe, write about'

LESSON 28

Exercise 28.1 Translate the questions into Russian and then supply brief answers. Questions with asterisks should have the subject (which is underscored) at the end of the clause or sentence.

1. What did Fyodor say to Varya after she woke him?
2. What hurts him?
3. Why can't he get up?
4. Who will Varya call in (summon) from the out-patient clinic?
5. Why does Fyodor ask for the thermometer?
6. What happened to (lit. with) the thermometer?
7. How and when did the <u>thermometer</u> break?*
8. Why hadn't Varya bought a new thermometer before then (up to then)?
9. What kind of medicine does <u>Fyodor Vasilyevich</u> want to take?* (лека́рство 'medicine'; приня́ть 'to take')
10. Where will Varya run to in order to phone to the out-patient clinic?
11. What else will she do while she's at it?
12. Why does Fyodor ask (request) Varya to cover him with one more blanket?
13. Before leaving, what else will <u>Varya</u> do?*
14. What's the temperature today in <u>Fahrenheit</u>? (lit. How many degrees ...)
15. How much longer (lit. until what time) do you plan to stay at the university?

Exercise 28.2 Translate the questions and then answer briefly in Russian. As usual, questions with asterisks should have the underscored subject placed at the end of the clause or sentence.

1. What kind of temperature did Fyodor have?
   (Норма́льная температу́ра - три́дцать семь гра́дусов по Це́льсию.)

2. What does he have, bronchitis? (See Supplement, p. 693.)
3. How did <u>Fyodor</u> catch cold?*
4. Why did he go two days without a scarf?
5. What does he say about gloves and scarves?
6. What do people usually say about professors?
7. When and how often must Fyodor take the medicine? (Use ipfv fut.)
8. What does Varya ask (request) the doctor to tell Fedya?
9. What is she afraid of?
10. What does the <u>doctor</u> recommend?*
11. Does the doctor say how long this <u>illness</u> will last?*
12. What will he have to do as soon as he recovers? (Use pfv fut.)
13. What will the <u>doctor</u> write out for him?*
14. Have you ever been sick with strep throat or bronchitis?
15. Do you ever take aspirin?

Exercise 28.3 Variation drill. Rewrite the sentences, replacing the underscored items with the items in slashes.

1. <u>Кажется</u>, что ты <u>заболел</u>, Федя. У тебя болит <u>горло</u>? /Боюсь, буд., голова/
2. У <u>мужа</u> такая слабость, что <u>он</u> даже не <u>может подняться</u>. /я,я, хотеть, встать/
3. <u>Хочешь, чтобы я вызвала врача из поликлиники?</u> /Я сразу же + буд./
4. Дай <u>мне</u> градусник. <u>Я</u> измерю свою температуру. /он, + Пусть он/
5. У нас нет <u>градусника</u>. Он разбился, когда <u>ты</u> его уронил. /термометр, бабушка/
6. <u>Мы с тобой</u> никогда не болеем. У <u>нас</u> крепкое здоровье. /Мой дедушка, он/
7. <u>Дай</u> мне <u>пирамидона</u>. У меня болит <u>всё тело</u>. /Принести, аспирин, шея и плечи/

8. Я сбегаю в аптеку и позвоню в поликлинику.
   /+Пусть Коля, больница/
9. Меня знобит. Укрой меня ещё одним одеялом.
   /Больной, он/
10. Тут холодно. Я закрою форточку. /жарко,
    + Пусть кто-нибудь, открыть/
11. Кто-то уронил свой платок, подними его.
    /перчатка/
12. Хотя вы довольно часто болеете, вы никогда не вызываете врача. /мама, она/
13. Какая сегодня температура? -Приблизительно 35 градусов по Фаренгейту. /Около, 25, Цельсий/
14. Этот матрас слишком жёсткий. Купи мне более мягкий. /подушка, мягкий, Принести, жёсткий/
15. Горничная вам принесёт чистые прóстыни.
    /Хозяйка, нáволочки/
16. До каких пор вы работали в клинике? /она, лежать, больница/

Exercise 28.4 Variation drill. Rewrite the sentences in the usual way.

1. У него температура нормальная: 37 градусов по Цельсию. /очень высокий, 39/
2. По всей вероятности у него грипп. /+Я подозреваю, что; бронхит/
3. Признаюсь, я два дня ходил без кашне. /Представьте себе, он, галоши/
4. На дворе была настоящая метель, а Федя ходил без кашне. /сильный дождь, зонтик/
5. Такие вещи как перчатки и кашне легко теряются.
   /галоши, зонтики/
6. Я вам пропишу лекарстао. Принимайте его три раза в день по чайной ложке перед едой. /Доктор, ты, + прош., столовый, после/
7. Скажите ему лежать в постели, доктор. /+ чтобы он, кровать/
8. Он никогда не спушается моих советов. /Ты, взрослые/

9. Тебе надо полежать в постели, пока температура не станет нормальной. /Врач рекомендует, чтобы муж/
10. По-вашему, как долго продлится эта болезнь? -Полторы недели. /до каких пор, кашель, Около 2, день/
11. Позже зайдите в поликлиннику и я вам выпишу бюллетень. /В понедельник, медсестра 'nurse', измерить, температура/
12. Я слыхал, что ваша жена совсем поправилась. /Надеюсь, муж, скоро + буд./
13. Доктор сказал больному: "Разденьтесь". /попросил + чтобы больной/
14. Врач прописал мне лекарство от кашля. /+ буд., ангина/
15. Принимайте это лекарство три раза в день по столовой ложке после еды. /одна таблетка, как раз перед/
16. Одолжите мне, пожалуйста, полбутылки молока. /Налить, -стакан, вино/

Exercise 28.5 Read the three passages on p. 707. First, find at least seven reflexive verbs and seven two-stem verbs. List your verbs in separate columns in their infinitive form and also in the third person plural nonpast form. Then, answer the following questions in Russian briefly, but in more than just single-word answers.

A.
1. Что просит врач, чтобы Петя сделал?
2. Что хочет узнать врач?
3. Какой совет даёт сыну мать?
4. Считает ли доктор, что Петя в самом деле поправился за лето?
5. Что делал Петя летом?
6. Что говорит доктор о спорте?
7. Какое было у Пети здоровье прошлой зимой?
8. Что ему рекомендует доктор

B.
1. Какой характер у жены Берёзова?
2. Какую ошибку она вчера сделала?
3. Какую глупость она сделала сегодня?
4. Доволен ли Берёзов своей жизнью?
5. Что он обычно делает, пока ест? (пока́ 'while')
6. Какой у него характер?

C.
1. Что вы знаете о профессии Берёзова?
2. Какой рассказ недавно читали его студенты?
3. Какая у них была реакция на этот рассказ?
4. Что случилось, после того как жених в этом рассказе потерял дорогу в церковь? (после того как 'after')
5. За кого вышла замуж невеста?
6. Как вы думаете, всё ещё пишут такие фантастические рассказы в наше время?

Exercise 28.6 Study the section on pp. 698-700 of your textbook on the most commonly used perfectivizing prefixes in Russian. Then supply both the perfective infinitive and the third person plural pfv future form of each of the following verbs listed in their ipfv infinitive form.

1. терять
2. делать
3. ждать
4. пить
5. читать
6. писать
7. расти
8. уметь
9. готовить
10. шить
11. звать
12. видеть
13. стучать
14. интересоваться
15. верить
16. кататься
17. слышать
18. петь
19. купаться
20. звонить
21. сердиться
22. играть
23. будить
24. ужинать
25. врати 'to lie, fib'
26. печь
27. мочь

Exercise 28.7 Rewrite the sentences by substituting the items in slashes for the ones underscored and changing all the verbs from present tense to pfv past, using the appropriate verbal perfectivizing prefix. Model: Этот глупый мальчишка часто врёт. Этот глупый мальчишка почему-то соврал.

1. Я <u>давно</u> стараюсь получить визу. /уже два раза/
2. Мама <u>обычно</u> ставит машину за угол. /только что/
3. Почему они <u>всегда</u> поют эту старую песню? /опять/
4. Мы <u>часто</u> купаемся возле моста. /некоторое время/
5. Мой брат Петя <u>обычно</u> всё портит для меня. /как-то/
6. Мы <u>часто</u> гуляем в городском парке. /только что/
7. Бабушка <u>всё утро</u> печёт пирожки. /сегодня утром/
8. Говорят, что твоя сестра <u>часто</u> болеет. /вдруг/
9. Светлана <u>часто</u> прячет ключи под ковёр. /наверно/
10. Володя <u>вообще</u> интересуется техникой. /вдруг/
11. Вы <u>всё ещё</u> бреетесь? /уже/
12. Кто <u>обычно</u> моет посуду? /в последний раз/
13. Твой сын <u>очень быстро</u> растёт. /вдруг/
14. Мы <u>иногда</u> катаемся на его лодке. /только что/
15. Вы <u>всё ещё</u> ужинаете? /уже/

Exercise 28.8 Study the section on pp. 700-702 in your textbook on the formation of compounds meaning 'half', then rewrite the sentences, using the compounding prefix as in the model. Remember to use a hyphen after пол- before nouns beginning with a vowel, a capital letter, or an л. Model: Мне нужен лимон. Мне нужно пол-лимона.

1. Одолжите мне <u>бутылку</u> молока.
2. Горничная быстро выпила <u>стакан</u> пива.
3. Это случилось <u>год</u> назад.
4. Зал был <u>пустой</u>.
5. Одолжи мне <u>чашку</u> сахара.
6. Когда мы вошли в комнату, она была <u>одета</u>.
7. Налей мне <u>стакан</u> чаю.
8. Прими <u>ложку</u> лекарства.
9. Форточка была <u>открыта</u>.
10. Прошло около <u>месяца</u>.
11. Мне нужен будет <u>огурец</u>.
12. Нам осталась <u>миля</u>.
13. Он всё это говорил <u>серьёзно</u>.
14. Ребёнок съел <u>апельсин</u> и заболел.
15. Он был <u>пьяный</u>.
16. Она подождала около <u>часа</u> и ушла.

Exercise 28.9 Translate the sentences, using the appropriate form of the prefix meaning 'half'.

1. When we arrived at the hotel we were half-starved (lit. half-hungry).
2. I'll need only half an orange.
3. Half Moscow has already heard about his illness.
4. Pour me half a glass of tomato juice.
5. The door was ajar (lit. half-open).
6. I bought this lamp for half-price. (цена́ 'price')
7. He died about a half a year ago.
8. We've already walked half-way.
9. Lend me half a bottle of milk.
10. We need to buy half a kilo of meat.

Exercise 28.10 Study the section reviewing two-stem first conjugation verbs on pp. 702-705 in your textbook. Then supply the third plural nonpast and the singular familiar imperative for the following verbs. Mark stress! Model: запаковать: они запакуют, запакуй!

1. наказать
2. прятать
3. переехать
4. завидовать
5. понять
6. поднять
7. сбить
8. убить
9. спеть
10. поискать
11. рекомендовать
12. бриться
13. поплыть
14. достать
15. одеть
16. раздеться
17. заказать
18. брать
19. встать
20. укрыть
21. пожить
22. разбить
23. пришить
24. допить

Exercise 28.11 Replace the pfv future verbs in the following sentences with their pfv past forms and then translate the revised sentences into English. Model: Таня снимет скатерть. Таня сняла скатерть. 'Tanya removed the tablecloth.'

1. Я слышал, что они переедут на новую квартиру.
2. Мама сошьёт себе юбку.
3. Боюсь, что он ничего не поймёт.
4. Я вызову такси.
5. Жена слыхала, что Светлана и Вадим расстанутся.
6. Боюсь, что Петя разобьёт градусник.
7. Я позову горничную.
8. Надеюсь, что вы не разольёте чай на скатерть.
9. Когда вы наконец начнёте писать свою диссертацию?
10. Что вы им порекомендуете?
11. Куда ты спрячешь ключ, в ящик письменного стола?
12. Ты за это накажешь мальчика?
13. Когда вы запакуете свои чемоданы?
14. Я соберу свои вещи.
15. Мы пробудем всего семнадцать дней в Советском Союзе.
16. Перед уходом мы закроем форточку.
17. Мать разденет детей.

18. Наша певица <u>споёт</u> интересную американскую песню.
19. Сегодня на собрании он <u>поднимет</u> очень важный вопрос.
20. Кто <u>пришьёт</u> к пиджаку пуговицу?

Exercise 28.12 Study the section in your textbook on reflexive verbs on pp. 705-706. Then supply the following information for the verbs listed here, all of which are ipfv: (1) the meaning, (2) the corresponding pfv infinitive, and (3) the third plural nonpast form for both aspects. Model: расставаться, расстаться, они расстаются, они расстанутся 'to part (with)'.

1. стараться
2. оставаться
3. заботиться
4. одеваться
5. простужаться
6. начинаться
7. бриться
8. оформляться
9. просыпаться
10. признаваться
11. умываться
12. останавливаться
13. пользоваться
14. подниматься
15. возвращаться
16. поправляться
17. раздеваться
18. кончаться

Exercise 28.13 Rewrite the sentences which contain verbs in the pfv past, changing them in your answers to ipfv present according to the given model. Model: Собрание уже кончилось? 'Has the meeting already ended?' -Нет, оно как раз кончается. '-No, it's just now ending.'

1. Вы уже оформились?
2. Петя! Ты уже умылся?
3. Он уже побрился?
4. Дети уже оделись?
5. Светлана уже научилась плавать?
6. Твоя жена уже проснулась?
7. Они уже выкупались?
8. Таня уже помылась?
9. Лекция уже началась?
10. Ваши соседи уже вернулись?
11. Больной уже разделся?

12. Дети уже легли спать?
13. Работа уже остановилась?
14. Гости уже сели к обеду?
15. Аспиранты уже собрались в большом зале?

Exercise 28.14 Translate the sentences into Russian, using reflexive verbs. Refer to the conversations (pp. 687-694), the BSP (pp. 695-697), as well as to the models on pp. 705-706.

1. Try not to come late.
2. Close the vent; the room's already aired out.
3. The record broke and Tamara got very mad.
4. He never heeds (listens to) his wife's advice.
5. I always stop at the Hotel Ukraine.
6. My wife heard that Oleg is getting married.
7. I doubt that.
8. Well, Petya, I hope that you'll get well soon.
9. Children, get undressed. It's already time to be going to bed.
10. How long will this illness last, doctor? (Use продли́ться.)
11. How long did the concert last? (Use продолжа́ться.)

LESSON 29

Exercise 29.1 Translate the questions into Russian and then supply brief answers. Sentences with asterisks should have the subject (which is underscored) at the end of the clause or sentence.

1. Why does Philip ask for a light from Oleg's cigarette? (у Олега 'from Oleg's cigarette')
2. What does Oleg give him while he's at it?* (заодно́ 'while he's at it')
3. What kind of cigarettes does Philip smoke?*

4. Why is Philip now smoking Russian cigarettes, and not American cigarettes? (Use the two words as appropriate for 'cigarettes'.)
5. What does Oleg say about Philip's lighter?
6. Does Oleg have a lighter?
7. Why did he finally give up and switch to matches?
8. What happened to (with) the electric razor, which Philip bought at GUM?
9. What kind of razor does <u>Oleg</u> shave with?*
10. What kind of blades does he prefer?
11. What does Philip say about the quality of such things in the USSR?
12. Why isn't Oleg offended and what does he say about consumer goods in the Soviet Union?
13. What does the Soviet government promise in the next seven-year plan?
14. What does <u>Oleg</u> say about that?*
15. Where is the <u>Kremlin</u> located?* (See Notes to the conversation.)

Exercise 29.2 Follow the same procedures as in Exercise 29.1.

1. Whom did Philip notice at the intersection?
2. Which (who) of them stands treat for the ice cream? (Use the instrumental case without a preposition.)
3. What flavor (kind of) ice cream does <u>Oleg</u> like and what flavor does <u>Philip</u> prefer?**
4. How much did two servings (portions) of ice cream cost?
5. Who didn't have change for a ruble?
6. Why did Oleg say that he would (will) pay for the ice cream?
7. Which of them finally did pay?
8. Where did they go to and sit (down)?
9. What is <u>Philip</u> surprised at?*
10. What had Oleg heard about the number (quantity) of cars in the U.S.A.?

11. What does almost every family own (have) in our country?
12. Do you agree that with every year in our country they improve the quality of cars?

Exercise 29.3 Variation drill. Rewrite the sentences, replacing the underscored items with the items in slashes.

1. Дай прикурить, у меня кончился <u>бензин в зажигалке</u>. /спички/
2. Ты какие <u>папиросы</u> куришь. /вы, сигареты/
3. Вчера я выкурил <u>последнюю</u> пачку <u>американских сигарет</u>. /купить, две, русские папиросы/
4. Ваша <u>зажигалка</u> интересно сделана. Где вы её купили? /велосипед/
5. У меня зажигалка <u>недавно</u> <u>сломалась</u>. /как-то, исчезнуть/
6. Зажигалка поработала <u>дня</u> три и перестала. /электрическая бритва, неделя/
7. У меня была такая же беда с <u>фотоаппаратом</u>, который я купил в прошлом <u>месяце</u>. /электрическая бритва, год/
8. Я предпочитаю <u>бриться</u> <u>безопасной бритвой</u>. /Жена, писать, авторучка/
9. Я предпочитаю <u>чешские лезвия</u> <u>нашим советским</u>. /Мы, деревня, город/
10. У <u>вас</u> почти все такие вещи <u>неважного</u> качества. /В, Советский Союз, низкий/
11. Не <u>обижайся</u>! -Да чего там <u>обижаться</u>?! /сердиться/
12. У нас всегда <u>затруднения</u> в области <u>ширпотреба</u>. /серьёзные проблемы, производство/ (проблема 'problem')
13. Правительство обещало улучшить положение в <u>следующей</u> семилетке. /Товарищ Горбачёв, ширпотреб, пятилетка/
14. Я потушу <u>лампу</u>. -Нет, не туши <u>света</u>. /свет, электричество/

15. Тут очень темно, я зажгу спичку. /пусть кто-нибудь/
16. Маша машет нам платком из окна поезда. /+ долго, + прош., рука/
17. Я боюсь, что она обидится. /надеяться, Наташа не, + прош./
18. Надеюсь, что, я их не обидел. /ты, + буд./

Exercise 29.4 Variation drill. Rewrite the sentences in the usual way.

1. Почему ты никогда не угощаешь меня мороженым? /папа, мы, тянучки/
2. Какое мороженое вы предпочитаете, сливочное или шоколадное? /торт/
3. Дайте мне две порции мороженого, пожалуйста: одну порцию клубничного и одну порцию сливочного. /три, шоколадное, две/ (клубничное 'strawberry (flavor)')
4. У меня, к сожалению, нет сдачи с рубля. /никакая мелочь/
5. Давай я заплачу за мороженое. У меня есть мелочь. /эта пачка, много, деньги/
6. Давай сядем вон там в сквере на скамейку. /Мы можем, парк, лавка/
7. У нас гораздо больше грузовиков, чем легковых машин. /меньше, легковые машины, грузовики/
8. Я слышал, что у вас в Америке больше семидесяти миллионов автомобилей. /приблизительно/
9. Я не знаю точного количества, но что-то вроде этого. /число, 90,000,000 машин/ (см. стр. 724)
10. Дедушка предпочёл бы остаться в деревне, но бабушка хотела бы переехать в город. /Моя тётя, мой дядя/
11. Хозяйка нас угостит мороженым. /Я, он, дорогой обед/
12. С каждым днём качество жизни у нас улучшается. /год, автомобили, ухудшаться/ (ухудшаться 'to deteriorate')

13. С каждой неделей её здоровье становиться лучше.
    /месяц, улучшаться/
14. Летом я иногда вижу мороженщика на этом углу.
    /В тёплую погоду, перекрёсток/
15. Фу! Этот сок слишком кислый. /конфеты, сладкий/
16. Что вы возьмёте на сладкое, компот или желе?
    -Я предпочла бы компот. /закуска, икра, селёдка, икра/ (икра 'caviar')
17. Это было очень срочное дело. /Пришла, телеграмма/

Exercise 29.5 Translate the four short passages on pp. 732-733 of your textbook into idiomatic English.

Exercise 29.6 Read the section in your textbook on verbs of motion with directional prefixes on pp. 719-722, noting especially the tables on pp. 721-722. Then supply the pfv infinitive for each of the verbs listed here in the ipfv plus the meaning.

1. уезжать
2. приезжать
3. отходить
4. подходить
5. вывозить
6. ввозить
7. улетать
8. прилетать
9. отбегать
10. подбегать
11. выезжать
12. въезжать
13. уходить
14. приходить
15. относить
16. подносить
17. выбегать
18. вбегать
19. уплывать
20. приплывать
21. отводить
22. подводить
23. выходить
24. входить

Exercise 29.7 Change the following sentences to indicate motion in the opposite direction, as in the given model. Note that not only the verbal prefix, but also the preposition will have to be changed.
Model: Мальчик вбежал в сад. Мальчик выбежал из сада.

1. Гид подвёл туристов к картине.
2. Анна только что вышла из комнаты.
3. Новые аспиранты приехали в Москву три дня назад.

4. Подойди к окну!
5. В лес влетело две красивых птицы.
6. Товарищ Горбачёв уезжает из Владивостока через два дня.
7. Автомобиль медленно въезжал в гараж.
8. Кошка выбежала из кухни. (кошка 'cat')
9. Отойди от стола!
10. Принесите эти вещи в спальню.

Exercise 29.8 Translate the following sentences, using the verbs of motion with directional prefixes.

1. Don't go into the garden, it's very wet there.
2. Come away from the blackboard.
3. Go up to the blackboard and write your last name.
4. I'm going away to Kiev at the end of this week.
5. When does your train arrive?
6. When does your train depart? (Use the prefix от- here.)
7. Let's step out into the fresh air.
8. Where's Fedya? -He's already left.
9. Suddenly out of the garden ran two boys.
10. The taxi drove up to the hospital and a woman got out and entered the hospital. (Use какая-то for 'a'.)
11. Two birds flew out of the woods. (When the verb precedes a subject that is a number more than 'one', the neuter singular form of the verb is normally used. If the number subject precedes the verb, however, either the neuter or the plural form of the verb may be used.)

Exercise 29.9 Study the section in your textbook treating the declension of numbers 40 through 100; then complete the exercise, supplying the correct case form of the numbers and translating the sentences into English. Remember that with cardinal number compounds you decline both parts, e.g., около семидесяти пяти 'about 75'.

1. Там живёт приблизительно /40/ аспирантов.
2. Мы нашли около /45/ грибов.
3. Наша хозяйка пошла на базар с /95/ рублями в сумочке.
4. Что ты сделал с этими /50/ копейками, которые я тебе дал? -Я их потерял.
5. Завтра я надеюсь получить около /100/ рублей из дому.
6. Сколько лет вашему отцу? -Ему /45/ лет.
7. Правительство должно сразу помочь этим /60/ туристам.
8. Одолжи мне не меньше /75/ копеек до завтра.
9. Сколько километров мы уже проехали? -Больше /180/.
10. Давайте не забудем об этих /50/ заявлениях.
11. Кому нужны эти /70/ тетрадей?
12. -Они нужны /70/ новым школьникам. (школьник 'schoolchild.')

Exercise 29.10 Study the section in your textbook on pp. 725-726 on adjectives and adverbs formed by adding the unstressed negative prefix не-, noting particularly the shades of meaning that these prefixed forms acquire. Then translate the sentences into Russian, using these negatively prefixed words.

1. Well, tell me, is he guilty? -No, he's innocent.
2. They have a rather small dacha near Leningrad.
3. This thermometer is very expensive, but that one is not (too) expensive.
4. I was uncomfortable at the party.

5. Those are unimportant papers, they need to be thrown out.
6. My wife doesn't feel too well.
7. -Yes, I noticed that she looks sick (lit. has an unhealthy look).
8. You've written this application incorrectly.
9. I like this suit. The color is unusual, isn't it?
10. This juice is delicious. I love unsweetened juice.
11. This has to be done immediately (lit. not slowly).
12. Tell me, doctor, how's his health, sound? -No, not sound. (крепкий 'sound, robust')

Exercise 29.11 Review the section on uses of the instrumental case without a preposition on pp. 726-729 of your textbook. Then rewrite the sentences in such a way that the instrumental is used. In some cases you may have to completely recast the sentence. Models: У него был бронхит. Он заболел бронхитом. Я сделал эту ошибку. Эта ошибка сделана мной.

1. Борю интересует спорт.
2. Возьми карандаш и пиши адрес.
3. Мы поедем туда на автобусе.
4. Вот нож, нарежь эти апельсины.
5. Кто запаковал этот чемодан?
6. Он болен, у него сильная простуда.
7. Эта работа плохая. Я недоволен.
8. Вот полотенце. Тебе надо вытереть руки.
9. Мы вернулись домой на двухчасовом поезде.
10. Кто строит этот мост, советские инженеры?
11. Говорят, что она известная певица.
12. Дни теперь короткие.
13. У неё, очевидно, грипп.
14. Можно взять вашу авторучку?
15. Как пройти туда, через лес?

Exercise 29.12 Translate the sentences into Russian, using the instrumental case.

1. May I use your umbrella?
2. The stewed fruit turned out to be very unappetizing (not tasty).
3. He's considered an interesting writer. (писа́тель 'writer')
4. What do you shave with, a safety razor?
5. What are you interested in, languages or literature?
6. We arrived via the evening plane.
7. I'm pleased with the work of my assistant.
8. In his time he was a famous singer.
9. This package was wrapped by my pal Volodya.
10. What do you occupy yourself with at the university, chemistry? (or: What do you major in....)

Exercise 29.13 Study the section in your textbook on time expressions on pp. 729-732. In addition to those using the instrumental case, note the use of genitive case to express the notions a.m. and p.m. Now complete the sentences, using the appropriate time expression.

1. Когда он прие́хал в Москву́? —Когда́-то ... (last summer).
2. Когда она́ вернётся в Ло́ндон? —Когда́-нибудь ... (next winter).
3. На́ши но́вые сосе́ди обеща́ли зайти́ ... (this evening).
4. ... (This summer) мы собира́емся пое́хать на бе́рег Чёрного мо́ря.
5. ... (In winter) мы живём в го́роде, а ... (in summer) в дере́вне.
6. ... (In spring) мы игра́ем в бейсбо́л, а ... (in fall) - в футбо́л.
7. ... (During the night) бы́ло о́чень хо́лодно.
8. Когда́ начина́ется ва́ша пе́рвая ле́кция? - ... (At 8:00 a.m.).

9. Когда приехали ваши гости? - ... (This afternoon at 3:00).
10. Когда отходит ваш поезд? - ... (At 7:00 p.m.).
11. Зайдите ко мне в поликлинику ... (tomorrow morning) и я выпишу вам бюллетень.
12. Когда это случилось, ... (at midnight)? -Нет, ... (at 1:00 a.m.).
13. Я заеду за вами около ... (noon).
14. Заходите к нам ... (tomorrow night) около семи часов.

Exercise 29.14 This is an exercise on the various prepositions used to express the notion 'for'. A key is provided at the end of the exercise. Try to select the correct preposition before looking at the key. The prepositions include: в, на, за, для.

1. Одолжите мне эту пластинку ... неделю.
2. Это отделение библиотеки ... детей.
3. Я сбегаю в аптеку ... лекарством от кашля.
4. Спасибо ... эти красивые перчатки!
5. По дороге домой нам надо заехать ... Иваном.
6. Он купил кашне ... жены, но оно ей совсем не понравилось.
7. Я буду очень занят. Будьте так добры, сделайте это ... меня.
8. Мы ... мир и против войны.
9. Вот вам талоны ... еду и ... чай.
10. Где Соловьёвы? -Они поехали в деревню ... две недели.
11. Эта комната сдаётся ... сорок пять рублей в месяц.
12. Она заплатила всего сорок одну копейку ... этот помидор.
13. Мы что-нибудь сделаем ... этой симпатичной девушки.
14. Сколько вы дадите мне ... эту чешскую зажигалку?
15. Вы уже заказали билеты ... концерт?
16. Наш хозяин уезжает ... Москву в конце недели.
17. Я зашла только ... минутку, хотела пригласить вас ... обед.

18. Нам надо будет выучить все эти новые слова ... завтра.
19. Пусть кто-нибудь пойдёт ... врачом. Федя очень болен.
20. Что ты хочешь ... сладкое, компот или мороженое?
21. Какие у вас планы ... лето?
22. Погода очень тёплая ... мая месяца.

Key:

1. на
2. для
3. за
4. за
5. за
6. для
7. для или за
8. за
9. на, на
10. на
11. за
12. за
13. для
14. за
15. за или на
16. в
17. на, на
18. на
19. за
20. на
21. на
22. для

LESSON 30

Exercise 30.1 Translate the questions into Russian and then supply brief answers. Sentences with asterisks should have the subject (which is underscored) at the end of the clause or sentence.

1. Where does this <u>conversation</u> take place?*
   (происходи́ть 'to take place')
2. Which window did <u>Nicholas</u> go up to?*
3. In order to receive a package, is it enough to show a notice?
4. What else does one need to do?
5. In what city and on what street does <u>Nicholas</u> live?*

6. What will Philip do while Nicholas is (lit. will be) getting the package?
7. What does Philip offer to buy for Nicholas?
8. What else does Nicholas need to do?
9. What will <u>Philip</u> do in the meantime?*
10. Where will they meet?
11. Which (what) do you prefer, translation from English to Russian or the opposite? (наоборо́т 'the opposite')

Exercise 30.2 Follow the usual procedure in doing this exercise, observing the use of asterisks for subjects in final position.

1. What did <u>Philip</u> almost forget to buy at the post office?*
2. What does <u>Nicholas</u> suggest?*
3. What does <u>Philip</u> need these <u>stamps</u> for?*
4. Who, mainly, collects stamps in Soviet Russia?
5. Who in the U.S. goes in for stamp collecting?
6. What kind of stamps do people collect in America?
7. What kind of stamps do they collect in the USSR, Soviet or foreign?
8. Why does the majority of stamp collectors in the USSR collect only Soviet stamps?
9. What series does <u>Philip</u> want to find?*
10. Besides this stamp, what else did the postal <u>clerk</u> suggest to him?*
11. Whose likenesses were on these stamps?
12. Why did Philip say to Nicholas that he was lucky?
13. Have you ever travelled by steamship?
14. Have you ever been abroad?
15. Name five continents. (контине́нт 'continent')

Exercise 30.3 Variation drill. Rewrite the sentences, replacing the underscored items with those in slashes. Spell out all numbers.

1. Было столько народу в отделении связи В-261, что нам негде было повернуться. /туристы, -470, я/
2. К какому окошку мы подойдём? /вы, + прош./
3. Что написано вон там на стене. Нельзя видеть без очков. /вывеска, читать/ (очки 'glasses')
4. У вас, кажется, шагу ступить нельзя без паспорта. /в, Советский Союз, очевидно, документы/
5. Вот как надо писать адрес: Москва, Советская 348, Николай Иванович Островский. /Ленинград, Невский проспект 475/
6. Пока ты будешь получать посылку, я куплю несколько отрывок. /перепаковывать, дюжина, конверт/ (перепаковывать 'to rewrap')
7. Мне нужно перевести отцу деньги. /послать, родители, 200 руб./
8. Я тем временем отправлю за границу письмо авиапочтой. /заодно, перевести, жена, 75 руб./
9. Тебе надо будет заполнить эту анкету. /прийтись, заявление на работу/
10. В этом окошке выдают посылки. /отделение, почтовые переводы/
11. Чтобы получить почтовый перевод, нужно заполнить бланк, показать извещение и предъявить паспорт. /посылка, вид на жительство/
12. Его переводят на Кавказ на три года. /посылать, город Баку, 6, месяц/
13. Переведите эти предложения с русского на английский на понедельник. /английский, русский, пятница/
14. Мой отец был переводчиком. /дядя, почтовый служащий/
15. Давай встретимся у выхода. /главный вход/
16. Это было лет четыреста тому назад. /случиться, 300/ (Remember that reversed word order with the noun preceding the number indicates approximation.)

Exercise 30.4 Variation drill. Rewrite the sentences in the usual fashion, writing out all numbers.

1. Я хочу купить несколько марок со спутниками для своей коллекции.   /эти 2 + новый советский/
2. Вряд ли ты их тут достанешь.   /+ Я сомневаюсь, + что, найти/
3. Надо спрашивать на Главном почтамте.   /пойти/
4. Я всё же попробую их найти на Главном почтамте. /только что, + прош./
5. В Советской России есть много людей, которые собирают марки.   /Союз, филателисты/
6. В СССР и дети и подростки занимаются этим спортом.   /США, + главным образом, взрослые, филателия/
7. У нас в Америкл многие взрослые увлекаются филателией.   /большинство, спорт/
8. Мы собираем марки всех стран мира.   /15 республик СССР/ (республика 'republic')
9. Связь с заграницей с каждым днём ухудшается. /Южная Америка, улучшаться/
10. Спросите у этого высокого почтового служащего. /Поговорить, с/
11. У вас есть серия 61-го года "Человек страны Советов в космосе"?   /72-го, "Первые советские космонавты"/
12. Я уже давно пробую достать эту марку. /несколько раз, + прош., новая серия марок/
13. Филиппу наконец повезло.   /Во всём, + наст./ (The abbreviation наст. stands for 'present tense' /настоящее время/.)
14. Дети вдруг увлеклись филателией.   /Наш сын, шахматы/
15. Поезд отходит в два часа ночи.   /Пароход, день/
16. Она училась заграницей целые два года.   /жить, 5/
17. Из-за шумных детей я вас не слышал.   /плохая связь, понять/   (шумный 'noisy')
18. Каким образом ты собираешься туда поехать, поездом?   /вы, пароход/

19. Где живут ваши родители, в <u>восточной</u> части страны? -Нет, в <u>западной</u> части. /северный, южный/
20. Откуда вы, из <u>Испании</u>? -Нет, из <u>Италии</u>. /Франция, Западная Германия/
21. В <u>Арктике</u> живут <u>белые медведи</u> 'polar bears'. /Антарктика, пингвины 'penguins'/

Exercise 30.5 Read the three passages on p. 759 and then answer the questions briefly in Russian.

A.
1. Какой у Бори адрес?
2. Зачем этому человеку нужен Борин адрес?
3. Почему он не мог вернуть Борин словарь сразу после того, как он его нашёл на своей полке?
4. Боря недавно переехал на улицу Герцена?
5. Как Витя ему помог?

B.
1. Что он просит Михаила сделать в городе?
2. Что заодно сделает Михаил на почтамте?
3. Почему Михаил не может дождаться от отца нормального денежного перевода?
4. Когда Михаил обычно получает извещение?
5. Кто из них собирает марки, Михаил или его приятель?
6. Сколько рублей в месяц он платит за эти марки?
7. Кем служит Мишин отец?

C.
1. Куда поехал Пётр Николаевич после войны?
2. Что он делал первые годы после того, как он приехал в Европу?
3. Почему это было ему неприятно?
4. Куда он наконец поехал, в Австралию?
5. Легко ли ему было выучить английский язык?
6. Почему всем важно знать языки?

Exercise 30.6 Study the section in your textbook on pp. 745-748 describing the various uses of the perfectivizing prefix за- and then translate the following sentences into English. In addition, for each sentence indicate whether the function of the prefix is to indicate: (a) the beginning of an action, (b) motion beyond/behind, (c) interrupted action (e.g., stopping by), (d) closing or focus on a limited area, (e) an excess of the action, or (f) none of the above.

1. <u>Зайди</u> в справочное бюро и узнай, скоро ли отходит пароход.
2. Мы <u>заигрались</u> в шахматы и опоздали в театр.
3. Он наконец сел за стол и <u>заработал</u>.
4. На прошлой неделе я <u>заработал</u> больше трёхсот рублей.
5. Вдруг <u>зазвонил</u> телефон в коридоре.
6. <u>Заезжайте</u> за больницу. Там можно оставить машину.
7. Тебе надо будет <u>застирать</u> это тёмное пятно на ковре.
8. Почему вас не было на собрании? —Мы с Надеждой <u>заговорились</u> и о нём совсем забыли.
9. Какие-то хулиганы только что <u>забежали</u> за забор.
10. Он весь вечер сидел в углу и пил пиво. А вдруг он <u>запел</u> какую-то странную цыганскую песню. (цыганский 'gypsy')
11. Давай <u>занесём</u> Олегу эти заграничные марки.
12. Я <u>заплатил</u> десять рублей за эти перчатки.
13. Хозяйка <u>заговорила</u> о своих делах и не заметила, что гостям было скучно.
14. Обязательно <u>закрой</u> и <u>запри</u> все окна перед отходом. (запере́ть 'to lock')
15. Он совсем <u>заработался</u>.
16. У меня остановились часы. Надо их <u>завести</u>.

Exercise 30.7 Translate the sentences into Russian, using the various pfv verbs with prefix за-.

1. I'll stop by the store for cigarettes on the way home.
2. Suddenly the phone rang (began to ring), but Vadim was day-dreaming (lost in thought) and didn't hear the bell.
3. How much did you pay for this furniture?
4. The sun has already set.
5. Varya began to worry about Fedya's illness.
6. You'll need to fill out this questionnaire.
7. For tomorrow we have to memorize all these rules.
8. Nina wants us to stop by (by vehicle) for her on the way to the station.
9. Have you already packed up the suitcases? -I'll pack them immediately.
10. Where am I to park (put) the car? -You need to drive around (lit. behind) the corner.
11. Natasha became engrossed in reading and didn't notice that it had got dark outside.
12. Did you wind the clock? -No, I'll wind it right away.
13. You have a hole in your skirt, you need to sew it up.
14. Petya suddenly began to take an interest in stamp collecting.
15. I'll run by and drop off the new record this afternoon.

Exercise 30.8 Study the section on the declension of numbers 200-400 on pp. 748-750 of your textbook and then complete the sentences, writing out all numbers. In addition, translate the completed sentences into English.

1. Где вы живёте? —В доме номер .... /222/
2. В прошлом году отец перевёл мне больше ... рублей. /300/
3. У него в коллекции не меньше ... марок. /1,400/

4. Я завидую этим ... аспирантам. /200/
5. Он приехал в Москву с ... рублями в кармане. /300/
6. О ком ты говоришь? —Об этих ... инженерах в Африке. /400/
7. Мы уже проехали около ... километров. /300/
8. Сколько рабочих на этом заводе? —Приблизительно .... /400/
9. В прошлом месяце я заработал около ... рублей. /200/
10. Разве можно жить на ... рублей? /200/

Exercise 30.9 Translate the phrases into Russian.

1. about (concerning) the 200 stamps
2. about (approximately) 200 stamps
3. with 200 questionnaires
4. with 300 teenagers
5. with 400 envelopes
6. more than 300 postcards
7. less than 400 translaters
8. 300 years ago
9. about (concerning) the 400 tourists
10. according to 200 specialists (Use preposition по.)

Exercise 30.10 Study the section in your textbook on pp. 750-753 dealing with the perfectivizing prefix пере- and then translate the following sentences into English. In addition, for each sentence identify whether the function of the prefix is (a) to indicate action across, (b) to indicate transference, (c) to indicate repetition of the action, or (d) to indicate surpassing or overdoing the action.

1. Вам придётся <u>переписать</u> эту домашнюю работу. (домашний 'home, adj.')
2. Я заплатила девяносто рублей за это платье. —Вы очевидно <u>переплатили</u>!
3. Федина сестра <u>переехала</u> на новую квартиру.

4. Бабушка задумалась и <u>перепекла</u> пироги, но они всё-таки вкусные.
5. Жена очень устала. Она опять <u>перестояла</u> в очередях.
6. Когда мы приедем на Красную площадь, мы <u>пересядем</u> на автобус номер пятнадцать. (пересесть 'to transfer')
7. Он хороший переводчик. Он недавно <u>перевёл</u> этот длинный роман с английского на русский.
8. Наташа запела и прямо <u>перепела</u> всех.
9. После того, как вы <u>переедете</u> через мост, вы увидите нашу новую больницу направо.
10. Ваша жёлтая рубашка ещё грязная, её надо <u>перестирать</u>.
11. Они решили <u>перейти</u> на "ты".
12. Когда движение на улице остановится, давай <u>перейдём</u> на другую сторону.
13. <u>Перелейте</u> сливки в другую бутылку.
14. Вы не так запаковали чемодан, его надо <u>перепаковать</u>. (не так 'wrong')
15. У него крепкое здоровье, он нас всех <u>переживёт</u>.

Exercise 30.11 Translate into Russian, using the various pfv verbs with prefix пере-.

1. They say Galya and Philip have switched to 'thou'.
2. Wonder who'll outdistance (surpass) whom.
3. Pass me the napkins in front of you please.
4. Do you want us to translate the whole page? (страница 'page')
5. It seems you've moved the armchair a bit closer to the window.
6. When will Olga move to her brother's?
7. We've already survived (lived through) two wars.
8. Let's cross the street at the intersection.
9. This parcel needs to be rewrapped. -I'll rewrap it later.
10. I'll rewrite this page and hand it in to you tomorrow.

114 / Modern Russian 2: Workbook

Exercise 30.12 Study the section in your textbook on pp. 753-755 which treats short-form passive participles in -т and -н. Then rewrite the sentences in the passive mode, making the original direct object the subject. If the agent is mentioned in the passive sentence, the instrumental is used. Models: Надо <u>закрыть</u> все окна. Все окна уже <u>закры́ты</u>. Чайковский <u>написал</u> эту песню. Эта песня <u>напи́сана</u> Чайковским.

1. Надо распродать все помидоры.
2. Продай твою машину!
3. Надо запереть дверь.
4. Кто оденет детей?
5. Напиши письмо домой!
6. Запакуйте эти чемоданы!
7. Студенты уже заняли все свободные места.
8. Перемой эти чашки!
9. Надо закрыть форточку.
10. Эту часть работы надо переделать.
11. Мы всё забыли.
12. Это надо сделать правильно.

Exercise 30.13 Translate into Russian, using the appropriate short-form past passive participles.

1. These lines (verses) were written more than 200 years ago.
2. Did you order the tickets? -I tried, but all the tickets are already sold out.
3. She was so upset when she heard the news about Andropov's wife.
4. Let's cross to the other side of the auditorium. All the seats here are already occupied.
5. This coat is made out of expensive material.
6. This part of the novel will be rewritten.
7. I'm ready. My suitcase is packed.
8. For some reason it's more cozy here. -Yes, the wardrobe has been moved closer to the wall.

9. I don't want to talk about it anymore, everything's already been said.
10. That happened a long time ago and has already been forgotten.

Exercise 30.14 Review the various prepositions governing the instrumental case on pp. 756-758 and also BSP sets 14 through 24 on pp. 742-743 and then translate the sentences into Russian.

1. Do you see the sign above the entrance?
2. Let's drive over and pick up Petya.
3. It's getting dark. -Yes, the sun is already behind the mountains.
4. Do they live right in Moscow? -No, near Moscow.
5. I'll phone you between five and six.
6. Take this medicine before meals.
7. Someone is following us (walking behind us).
8. During the dinner I talked with the host about my stamp collection.
9. May I sit next to you? -Of course, sit down please.
10. Where's the evening paper? -It's under the sofa.
11. I didn't see Kozlov at the concert. -He was sitting in front of my wife.
12. Don't joke with me!
13. I don't agree with Gorbachev in this matter.
14. He hasn't done right by her (lit. he's guilty before her).
15. Let this remain between us.
16. Tamara and I (lit. We with Tamara) are going to the rink together.
17. We have no cream. -I'll go to the store on the corner for cream.
18. Vadim came with Svetlana. She's the tall blonde with green eyes.
19. The sun is slowly rising above the river.
20. The book fell behind the easy chair. It's now lying under the writing table.

LESSON 31

Exercise 31.1 Translate the questions and then supply brief answers. As usual, sentences with asterisks should have the subject (which is underscored) placed at the end of the clause or sentence.

1. Where does Valya recommend spending vacation?
2. At whose place can they stop over (stay)?
3. What does Mitya say about this idea?*
4. Has he been in Moscow before (previously)?
5. Why hadn't he seen anything there?
6. What had Alyosha complained about?*
7. Which one (who) of them knows Moscow best of all? (See p. 612.)
8. What role will she play in Moscow? (роль f. 'role')
9. What do they plan to sight(see) first?
10. What does Mitya say about St. Basil's Cathedral?
11. Which museums and galleries do they want to visit?
12. To which theaters will they go evenings?
13. Who is your favorite artist?
14. Where is the famous Nevsky Prospect located, in Moscow or in Leningrad?*

Exercise 31.2 Follow the same procedure as in Exercise 31.1 in doing this exercise.

1. Where does this conversation take place?*
2. What does Mitya need change for?*
3. How many kopecks does he need for a ticket?
4. Who doesn't have any change left?
5. What does Alyosha suggest to him?*
6. Who finally found a coin? How many kopecks did he find?
7. What does Alyosha say about the streetcar?
8. What is Alyosha afraid of?*
9. What theater are they planning to go to?

10. If they don't get tickets to the Moscow Art Theater, to what other theater does Mítya suggest going?*
11. What kind of play is 'The Bathhouse', serious or funny (jolly)?
12. Is it easy to get tickets to this play by Mayakovsky?
13. Will they transfer to the trolley or go by subway?
14. What lake is the deepest in the world and where is it located? (Сибирь f. 'Siberia')

Exercise 31.3 Variation drill. Rewrite the sentences, replacing the underscored items with those in brackets.

1. Давайте проведём наш отпуск в Москве. /Хорошо бы + инфинитив, Нью-Йорк/
2. Кроме мавзолея Ленина и Красной площади я ничего в Москве не знаю. /Невский проспект, Эрмитаж, Ленинград/ [1]
3. Жена вечно жаловалась, когда её муж задерживался в бюро. /+ наст., чтобы её муж не/
4. Во-первых мы должны осмотреть Кремль. /Во-вторых, храм Василия Блаженного/
5. Завтра нам надо будет побывать в Третьяковской галерее и в храме Василия Блаженного. /Исторический музей, Кремль/
6. Вечерами мы будем ходить в Художественный театр. /Вчера вечером, были, Большой/
7. По понедельникам Исторический музей закрыт. /праздники, Третьякосвкая галерея/
8. Надо осмотреть все старинные памятники. /побывать во, дворцы и соборы/

---

[1] Невский проспект 'Nevsky Avenue' is the most important thoroughfare. Эрмитаж 'The Hermitage' is the largest art museum in the USSR. Both are located in Leningrad.

9. Мы должны пожаловаться директору фабрики на плохие материалы. /Давайте, хозяин, ресторан, обслуживание/
10. Главная ленинградская улица--это Невский проспект. /московский, площадь, Красный, площадь/
11. Как проехать на Киевский вокзал? /пройти, мавзолей Ленина/
12. Как попасть в Третьяковскую галерею? /Красный, площадь/
13. В СССР теперь очень мало китайских студентов. /Китай, советский, специалист/
14. Вы уже осмотрели знаменитый храм Василия Блаженного? /побывать в/

Exercise 31.4 Variation drill. Rewrite the sentences in the usual fashion.

1. Кто может разменять мне рубль? Мне нужно 3 копейки на билет. /гривенник, 5/ (гривенник 'a 10 kopeck piece')
2. Мне не хочется спрашивать у пассажиров. /Филипп, + прош., незнакомцы/ (незнакомец 'stranger')
3. Вот тебе монета на билет. —Спасибо, что ты меня выручил. /вы, метро, вы/
4. Этот трамвай ползёт, как черепаха. /троллейбус, улитка/ (улитка 'snail')
5. Пока мы доедем до театра, в кассе не останется билетов. /Когда, + прош., + прош./
6. Если не достанем билетов в МХАТ, то попробуем достать билеты в Театр сатиры. /взять, Художественный театр, Малый театр/[1]
7. "Баня" такая остроумная пьеса, что публика прямо помирает со смеху. /"Ревизор", зрители, + прош./ (зритель 'spectator')[2]

---

1. Малый театр: The Maly, or 'Little' theater, is located on the same square as the Bolshoi. It seats about 1100, while the Bolshoi seats 2000.
2. "Ревизор": Gogol's famous play The Government Inspector.

8. Мы пересядем на троллейбус или поедем дальше на метро? /трамвай, электричка/ (электричка = электрический поезд)
9. В трамвае было столько народу, что негде было повернуться. /троллейбус, пассажиры, сесть/
10. Екатерина Вторая родилась в первой половине восемнадцатого века. /Антон Павлович Чехов, второй, 19/[1]
11. Его отец работает в Нефтяном институте. /Этот известный учёный, + прош., Академия наук/
12. Цены автомобилей в США очень высокие. /Цена, билет в театр, СССР, довольно, низкий/
13. Он обычно доезжает со мной до моста. /доходить, мы, угол/
14. Пассажирские поезда здесь проходят два раза в день. /Скорый 'express', через/ (через день 'every other day')
15. Его отец был известным писателем. /крупный, учёный/

Exercise 31.5 Read the three passages on pp. 783-784 of your textbook and then answer the questions briefly in Russian.

A.
1. Где Алёша и Митя в начале этого разговора?
2. После того как они сойдут с автобуса, как они доедут до Козловых?
3. В какую галерею они собираются пойти?
4. Какие картины они думают там осмотреть?
5. Любит ли Алёша новое советское искусство?
6. Что они говорят о новом западном искусстве?

1. Екатерина II (Catherine the Great) was born in 1729 and was Empress of Russia from 1762 to 1796. Антон Павлович Чехов (1860-1904) is the famous author of plays and short stories.

B.
1. Чем хозяин хочет угостить Дмитрия Ивановича?
2. Как Дмитрию нравится этот чай?
3. Чтобы пить чай "по-китайски", что рекомендует хозяин?
4. Сколько кусков сахару кладёт в чай Дмитрий Иванович?
5. Как вообще пьют чай в России, с сахаром или без сахара?
6. Вы сами пьёте чай с сахаром, с лимоном или со сливками?

C.
1. Какая у Козлова профессия?
2. Кем он в душе хотел бы быть?
3. Куда его послали, в Сибирь?
4. Что он любил делать, когда у него было свободное время?
5. Что он нашёл там в горах и как он её назвал?
6. Приблизительно сколько лет было этой башне?
7. Где она стояла?
8. Какая была лестница, которая к ней вела?

Exercise 31.6 Study the section in your textbook on pp. 771-774 on the perfectivizing prefix до- and its negative variant недо-, and then rewrite the sentences replacing forms of the verb кончить (to finish) by using the prefix as in the model. Model: Когда ты это <u>кончишь писать</u>? Когда ты это <u>допишешь</u>? 'When will you <u>finish writing</u> this?'

1. <u>Кончи пить</u> твоё молоко, Петя!
2. Где вечерняя газета? Я её не <u>кончил читать</u>.
3. Я приду, как только <u>кончу курить</u> эту папиросу.
4. Таня, <u>кончи есть</u> твою яичницу! Уже пора идти.
5. Когда ты кончишь стирать эти рубашки, Валя?
6. Я опять <u>не кончил делать</u> свою домашнюю работу.
7. Когда ты <u>кончишь мыть</u> посуду?
8. Вы опять <u>не кончили работать</u>.

Exercise 31.7 Translate the sentences, using the verbal prefixes до- and недо-. Refer not only to the examples given on pp. 771-774, but also to the BSP sets 11 and 16 through 21 on pp. 769-770.

1. I'll walk with you as far as the corner.
2. He didn't leave the thermometer in long enough.
3. She didn't manage to finish smoking her cigarette.
4. The guide took (led) us only as far as the entrance to the museum.
5. My wife didn't get enough sleep and I didn't get enough to eat.
6. Alyosha, when are you going to finish eating your kasha?
7. We walked as far as the river and then decided to come back.
8. I'll give you a lift (drive you) as far as the station.
9. I'm afraid that they'll catch up to us.
10. Finish playing, children. It's time to eat supper.

Exercise 31.8 Study the section on the perfectivizing prefix про- on pp. 774-776, and then translate the sentences into English. In addition, identify usage of the prefix for each sentence as (a) action through, (b) action past, (c) coverage, (d) loss, or (e) none of the above.

1. Она три месяца пролежала в больнице.
2. Кто-то прожёг дырку в скатерти папиросой.
3. Хотя мы ехали быстро, к вечеру мы проехали меньше двухсот миль.
4. Кто это пробежал мимо нашей избы?
5. Витя проспал всю лекцию.
6. Как долго мы пробудем в Ленинграде?
7. Он обещал провести нас через лес завтра утром.
8. Германия проиграла войну.
9. Мы уже прошли больше тридцати уроков в этом учебиике. (учебник 'textbook')
10. Ты не знаешь, как пройти в Кремль?

11. Вечеринка была хорошая, мы весело провели время.
12. Надо проверить все эти документы.
13. Боюсь, что ты промочишь ноги и простудишься. (студи́ть 'to chill')
14. Он пропил все деньги.
15. Проснись, а то ты проспишь твою остановку!

Exercise 31.9 Translate into Russian, using the appropriate verbs with prefix про-.

1. She wasted the whole morning sleeping.
2. He gambled away 400 rubles.
3. Let's go through the park.
4. You've spent the whole night working.
5. How many kilometers have we already driven?
6. How many lessons have we already covered?
7. I had a good time at the party.
8. You don't (happen to) know how to get to Red Square?
9. A steamer sailed by not far from the shore.
10. How many days will you spend (be) in Tashkent?
11. They spent (lived) several years in China.
12. It's difficult to get by (live) on 200 rubles a month.
13. If I lose (the bet) I'll give you 50 kopecks.
14. You've missed your plane by oversleeping.
15. I spent two hours standing in line.

Exercise 31.10 Study the section on prepositions used with the genitive case on pp. 777-780 and then complete the sentences, choosing the most appropriate ones. In a few cases, more than one choice is possible. If you have difficulty, see the English key that follows.

1. Я бы хотела идти домой. —Нет, досиди ... конца второго действия. (действие 'act')
2. ... того как мы вернулись домой, я сразу позвонил хозяевам и поблагодарил их за прекрасный обед.

3. Петя всё это сделал ... одной ошибки.
4. Мы бы вернулись в город пораньше, но ... Пети нам пришлось вернуться четырёхчасовым поездом.
5. Я не люблю компота. ... компота я возьму. мороженое.
6. Митя видел этот собор только снаружи, а ... него никогда не был.
7. Ребята, давайте доплывём ... другого берега озера.
8. Обязательно надо осмотреть Кремль, а ... него, что мы осмотрим?
9. Вот вам сдача ... пятидесяти копеек.
10. Какой он негодяй! Я много работал ... него, а в конце концов он недоплатил мне.
11. Говорят, что Исторический музей открыт ... девяти ... четырёх.
12. Где твоя мама? —Она ещё не вернулась ... поликлиники.
13. Где твой папа? —Он ещё не вернулся ... Главного почтамта.
14. Я сомневаюсь, что ваша дедушка доживёт ... восьмидесяти лет.
15. Мы прошли ... вашего дома вчера вечером, но вас, очевидно, не было дома.
16. Моя тётя ... первого января лежит в больнице.
17. Спутник "Восток первый" несколько раз летал ... Земли.
18. Мы долго звонили ему, но не могли дозвониться ... него.
19. Большинство туристов решило осмотреть Эрмитаж. —А как ... остальных туристов, что они делали?
20. Эти тяжёлые дни ... нас. —Да, и ... нас многообещающее 'promising' будущее.
21. Вы ничего не имеете ... моего плана? —Нет, я за него.
22. Когда это случилось, ... или ... революции? —Как раз перед революцией.
23. У нас в Америке что-то ... восьмидесяти миллионов автомобилей.

Note: Here is an English key to the prepositions in this exercise.

1. until
2. after
3. without
4. because of, on account of
5. instead of
6. inside
7. up to
8. besides, aside from
9. from (lit. off of)
10. for
11. from ... until
12. from
13. from
14. until
15. past, by
16. since, from
17. around
18. to (lit. up to)
19. about
20. behind ... ahead of
21. against
22. before ... after
23. like, in the nature of

Exercise 31.11 Study the section on pp. 781-783 which treats the various meanings of the perfectivizing prefix раз- and then translate the sentences into idiomatic English. In addition, identify the use of the prefix as (a) action in diverse directions, (b) undoing, taking apart or analyzing, (c) highly intensified or excessive action, (d) complete reversal or undoing of action. Note that in some cases the categories may overlap and it may be possible to place some examples in more than one category.

1. Дети куда-то <u>разбежались</u> после игры.
2. Говорят, что Вадим <u>разлюбил</u> Таню.
3. -Да, я слышала, что они уже <u>расстались</u>.
4. Оля совсем <u>растерялась</u> и купила себе два дорогих платья.
5. Скорей, <u>раскрой</u> зонтик. Дождь прямо льёт.
6. Вы <u>раздумали</u> идти в Театр сатиры?
7. -Да, нам <u>расхотелось</u> туда идти.
8. В полночь все гости <u>разъехались</u> по домам.
9. Кто <u>разбил</u> градусник?
10. -Он <u>разбился</u>, когда ты его уронил, помнишь?

11. Как только мы вернулись из Ялты, мы <u>распаковали</u> все чемоданы, но нигде не могли найти эти важные документы.
12. Ну, паренёк, <u>разденься</u>. Посмотрим, поправился ли ты за лето.
13. Хотя я два года прожил во Франции, это было давно и я совсем <u>разучился</u> говорить по-французски.
14. Птицы вдруг испугались и <u>разлетелись</u> в разные стороны.
15. Я как-то не <u>расслышал</u>, что он сказал.
16. В этом киоске уже <u>распродали</u> последний номер этого журнала.
17. Я <u>расставлю</u> все эти книги на полке.
18. Без водки ты ничего не <u>разберёшь</u>!

Exercise 31.12 Study the examples of verbs using the prefix раз- in the BSP (sets 24-26) and on pp. 781-783, and then translate the sentences into idiomatic Russian.

1. Who can give me change for a ruble (change a ruble for me)?
2. Get undressed, children. It's time to go to sleep.
3. Can you make out what's written over there on the sign?
4. I didn't catch (hear) what Comrade Gorbachev said.
5. She was planning to fly to Yalta, but changed her mind.
6. There were a lot of people in the square but they've all dispersed now.
7. When are you going to pay them off (settle accounts with them)?
8. The tomatoes are unappetizing (untasty), they got cooked to a pulp.
9. There were five beautiful birds in the garden, but you scared them away.
10. You've completely forgotten (unlearned) how to speak Russian!

LESSON 32

Exercise 32.1 Translate the questions and then supply brief answers. Note the asterisks which indicate that the subject (underscored) should be placed at the end of the clause or sentence.

1. Where does this <u>conversation</u> take place?*
2. How many pavilions are there at the Exhibition of Achievements of the National Economy? (See Notes on p. 790.)
3. To which pavilion did <u>Valya</u> suggest going?*
4. What interests her there?
5. Why didn't Alyosha want to leave the Georgian pavilion?
6. What did Lyuba notice at the entrance to the pavilion?
7. What is said in the guidebook about the Moldavian wine industry?
8. What did Alyosha want to try (have a taste of) at the Moldavian pavilion?
9. What bright (brilliant) <u>idea</u> does Mitya have?*
10. What did Lyuba say about the Order of Lenin?
11. Where did Alyosha finally invite everyone to go?
12. What plans do they have for tomorrow?
13. Which do you prefer, apples, pears, or plums?
14. Have you ever tasted (tried) Ukrainian borsch?

Exercise 32.2 Translate the questions in the usual fashion, noting the use of asterisks to denote word order. Then supply brief answers.

1. Where does the second conversation take place, at the exhibition or at the zoo?
2. Which animals are chasing each other at the beginning of this conversation?
3. Who wanted to leave because of the air in that place?
4. Where did <u>Mitya</u> suggest going?*
5. What wild <u>animals</u> were on this island?

6. Which animals does Alyosha suggest taking a look at first?
7. What <u>time</u> was it?*
8. When <u>will</u> they start to feed the (wild) animals?
9. Why does Valya want to watch them feed the hippos?
10. Where is their <u>cage</u> located?*
11. What does Alyosha want to watch at the terrarium?
12. Is the public allowed in (there) when they give the boa constrictor a live pig?
13. Why does Valya say that it must be a disgusting spectacle (sight)?
14. Besides rabbits and foxes, name two (wild) animals that live in the forest.
15. Besides dogs and cats, name two domestic animals.

Exercise 32.3 Variation drill. Replace the underscored items with items in slashes.

1. <u>Вчера</u> мы <u>были</u> на Выставке достижений народного хозяйства. /Завтра, поехать/
2. Пойдём теперь в <u>Грузинский</u> павильон. Там такие замечательные <u>ткани</u>. /Ташкентский, много, огромный, арбуз/
3. Вас не <u>интересует</u> тяжёлая промышленность. /Вы, интересоваться/
4. В Молдавском павильоне больше 200 экспонатов <u>винодельческой</u> промышленности. /один, 500, тяжёлый/
5. Слушайте, что <u>сказано</u> тут в путеводителе. /читать, написать/
6. Не смейся, <u>Валя</u>. Это <u>неплохая</u> идея. /друзья, гениальный/
7. Что, если бы каждому <u>посетителю</u> дарили на память <u>бутылочку вина</u>. /пассажир, бутылка, шампанское/
8. За эту <u>гениальную</u> идею дали ему орден <u>Трудового Красного Знамени</u>. /замечательный, этот гений, Ленин/
9. Мы <u>все проголодались</u>. Зайдём в "Золотой колос" подкрепиться. /страшно, голоден, какая-нибудь закусочная/

10. Он нашёл восемьсот рублей. /проиграть, больше 600/
11. Ты смеёшься надо мной, но не забудь: "Хорошо смеётся тот, кто смеётся последним". /Вы, он/ (There is a similar saying in English: 'He who laughs last, laughs best'.)
12. Чему ты радуешься? —Я радуюсь твоим успехам. /вы, Мы, первый весенний день/ (весенний 'spring, adj.')
13. Я хотел бы подарить ей хорошую книгу ко дню её рождения. /решил, коробка шоколадных конфет/
14. Он с большим трудом достал билеты на пьесу "Баня". /найти, ваша квартира/
15. Я предпочитаю дыню арбузу. /яблоки, груши/
16. По-моему арбуз вкуснее дыни. /виноград, сливы/
17. Там есть крупный промышленный центр. /Теперь, происходить, большой, культурный, революция/

Exercise 32.4 Variation drill. Replace the underscored items, using the ones in slashes.

1. Друзья! Посмотрите, как эти обезьяны гоняются друг за другом. /Ужасно смешно смотреть, кошки/
2. Я не могу больше выдержать воздух в этом помещении. /Валя, терпеть, старая мебель, квартира/ (терпеть 'to endure, to bear')
3. Давайте подойдём к "Острову зверей". /клетка, львы/
4. В этих клетках живут львы и тигры. /Арктика, белый медведь/
5. Через полчаса начнут кормить зверей. /15 мин., бегемот/
6. Клетки львов и тигров в конце этой аллеи. /лисицы, волки/
7. Давайте посмотрим, как кормят бегемотов. Это удивительное зрелище. /Лучше не будем смотреть, удав, отвратительный/
8. Валя любит животных, но смотреть, как они уничтожают друг друга - это не для неё. /Я, я/

9. Моя жена боится смотреть, когда кошка ловит мышь. /не любит, собака, заяц/
10. Насколько я знаю, публику не пускают в этот собор. /мы, церковь/
11. Мороз уничтожил все фрукты. /Коммунисты + хотят, американский образ жизни/
12. Слон гораздо больше коровы. /Лошадь, собака/
13. Корова и лошадь - домашние животные. /Волк, лисица, дикий, зверь/
14. Это московский Парк культуры и отдыха имени Горького. /знаменитый, библиотека, Ленин/
15. Мы провели весь день на Выставке достижений народного хозяйства. /около 4 ч., зоопарк/
(ч. = час)

Exercise 32.5 Read the three passages in your textbook on p. 809 and then answer the questions in Russian.

A.
1. Про какого зверя говорят Валя и Алёша?
2. Где и когда произошёл случай, о котором рассказывает Алёша? (произойти 'to take place')
3. Где был первый волк и где был второй?
4. Почему люди в центре Харькова не боялись этого волка?
5. Кто наконец услышал "разговор" этих двух зверей?
6. Что тогда случилось?
7. Как поймали этого волка?

B.
1. О чьих работах больше всего говорили на выставке картин?
2. Что делали посетители, когда видели его картины?
3. Почему люди думали, что Медведев гений?
4. Какая разница между картинами Медведева и картинами всех остальных молодых художников?
5. Что он привёз с собой из западной Европы?

C.
1. Что можно сказать о зданиях в Америке, которым триста лет?
2. Есть у нас много таких зданий?
3. Можно сказать то же самое о трёхсотлетних зданиях в Европе?
4. Почему этот иностранец сразу не нашёл себе гостиницы?
5. Где была гостиница, которую ему порекомендовал молодой человек?
6. Почему ему было трудно её найти?
7. Сколько лет было этой "новой" церкви?
8. Сколько лет было другой, действительно старой церкви?

Exercise 32.6 Read the section on pp. 797-799 on the declension of numbers 500-900. Then complete the sentences, writing out the numbers fully, and translate the sentences into English.

1. Мы уже продали ... бутылок шампанского в этом месяце. /750/
2. На выставке было приблизительно ... экспонатов. /500/
3. На площади собралось не меньше ... пионеров. /600/
4. В этом музее приблизительно ... картин. /1800/
5. Он проиграл около ... рублей за одну ночь. /900/
6. Что нам делать с этими ... знамёнами? /600/
7. Скольким учёным уже дали ордена? —Ордена дали ... учёным. /540/
8. О скольких коврах вы говорите? —О ... или ... коврах. /800, 900/
9. Это случилось больше ... лет тому назад. /500/
10. Мы уже пролетели около ... миль. /700/

Exercise 32.7 Translate the phrases into Russian.

1. 600 years ago
2. about these 500 displays
3. about (approx.) 1,500 domestic animals
4. more than 800 tourists
5. on 700 steamships
6. toward 900 days
7. with 800 bottles of champagne
8. in 1865
9. in 1986
10. less than 700 kilometers

Exercise 32.8 Read the section in your textbook on pp. 799-801 treating the reciprocal pronoun друг дру́га. Note particularly that the first part of this compound never changes and that any prepositions are placed between the two parts. Then translate the sentences into Russian.

1. We see each other almost every day.
2. Valya and Lyuba suddenly got mad at each other.
3. They began to argue with one another about some trifle. (ме́лочь 'trifle')
4. Look at those cats chasing each other. (lit. how they chase.)
5. Philip and Galya phone each other three or four times a week.
6. They're obviously interested in each other.
7. We must always help one another.
8. Your dog and my cat aren't afraid of each other.
9. We often drop in on one another.
10. They're always visiting each other.
11. They take care of (concern themselves about) each other.
12. They converse with each other on the phone every evening.

Exercise 32.9 Study the section in your textbook on the prefix с- on pp. 801-804, noting the diverse meanings of the prefix. Then translate the sentences into English. In addition, identify the use of the prefix as (a) convergence (coming together), (b) motion down or off, or (c) a single round trip.

1. Сколько заграничных марок вы уже собрали?
2. Нам надо сойти с автобуса на следующей остановке.
3. Все дети сбежались в сад и начали играть с котятами. (котёнок 'kitten', котята pl. 'kittens')
4. Куда ты бежишь? —Я мигом сбегаю в магазин за папиросами.
5. Когда вы съехали с горы? —Час назад.
6. Пора обедать. Все гости уже собрались.
7. Надо слить сливки с молока.
8. С дерева слетело несколько серых птиц.
9. Я схожу в аптеку и позвоню родителям.
10. Какой-то негодяй сбил меня с ног и украл мою сумку.
11. Составь всю грязную посуду сюда в умывальник.
12. Когда я увидел медведя, я прямо слетел с горы.
13. Давайте съездим на озеро после обеда.
14. Снесите эти чемоданы вниз и поставьте их в гараж.
15. Давай созвонимся по телефону на будущей неделе.

Exercise 32.10 Translate the sentences into idiomatic Russian.

1. Gather all the bags and put them in the baggage compartment.
2. All the passengers had assembled in the waiting room and were waiting for the steamer.
3. Let's get off the streetcar at the next stop.
4. Vadim loves to ski. He just flew down the mountain like a madman.
5. I'll run down to the pharmacy and phone the outpatient clinic.
6. Let's pour all the wine together in one bottle.
7. I'll knock an apple down from the tree with this stick.
8. This morning papa drove me to the clinic and the doctor wrote out a medical certificate for me.
9. Let's pour the cream off the milk into this cup.
10. Where were you? -I just went to the library for a book.

Exercise 32.11 Study the various uses of the genitive case without prepositions on pp. 804-809 of your textbook as well as the BSP on pp. 794-796, particularly sets 1, 2, and 5, 14, 15, 16, 17, 18, 19, 20, 21, 22, 23, and 24. Then complete the following sentences, using the given cues. Spell out all numbers and use the genitive of comparison.

1. Мы недавно получили больше ... (500 bottles of champagne from France).
2. Чья это шляпа? -Это шляпа ... (of my sister Maria).
3. Хотите чашку ... (of delicious hot chocolate).
4. Купите мне дюжину ... (postcards) и несколько ... (envelopes).
5. Он женился ... (at the age of twenty-four).
6. Это случилось ... (on July 14th, 1983).
7. В этом магазине вчера было большое количество ... (Czech safety razors).

8. Москва красивее ... (than Tashkent), и Ташкент больше ... (than Yalta).
9. У нас не хватает ни ... (fresh butter) ни ... (black bread).
10. Дети испугались не только ... (of lions and tigers), но также ... (of monkeys).
11. Желаю вам ... (bon voyage).
12. В прошлом месяце я заработал меньше ... (110 rubles)
13. Мне нужно больше ... (money). Мне ... (110 rubles) в месяц мало.
14. Она девушка ... (short in stature). У неё глаза ... (of green).
15. В кассе не осталось ни ... (one ticket) на эту пьесу.
16. Пойдём завтра на Выставку ... (of Achievements of the National Economy).
17. Люба боится ... (snakes and all such repulsive wild animals).
18. Хотите ... (some delicious plums)? -Спасибо, нет. Лучше я попробую ... (some vanilla ice cream).

Exercise 32.12 Review exercise. This exercise reviews the perfectivizing prefixes introduced in Lessons 30, 31, and 32. Insert the prefix that makes the most sense in the given context and then translate the sentences into idiomatic English. Choose from the prefixes: до-, недо-, за-, пере-, про-, с-, and раз-.

1. Все гости ...-смеялись, когда он сел за рояль. (рояль 'piano')
2. Как долго мы ...-будем во Владивостоке?
3. У меня болит голова. Вчера ночью я ...-спал.
4. Бедный Фёдор Васильевич ...-лежал две недели в больнице.
5. В пять часов дети ...-бежались по домам.
6. После того как я ...-курю эту папиросу, мы сможем войти в собор.

7. Врач хочет, чтобы ты ...-делся, Петя. Положи твои вещи на стул.
8. Муж ...-работал сто тридцать рублей на прошлой неделе.
9. Наташа ...-вела этот очерк с английского на русский.
10. Мы ...-шли с автобуса и ...-сели на троллейбус.
11. Мы уже ...-летели шестьсот миль и скоро ...-летим до границы.
12. Ты получил двойку на экзамене, так значит ты ...-занимался!
13. Катя и Олег ...-стались. Они, очевидно, ...-любили друг друга.
14. Давай ...-йдём улицу на перекрёстке. Там на другой стороне есть интересный магазин.
15. Было совсем тихо в комнате, а вдруг ...-звонил телефон.
16. Пока мы ...-едем до музея, все галереи будут закрыты.
17. Пусть кто-нибудь ...-бегает в лавку на углу за пивом.
18. Давай ...-плывём до другого берега.
19. Солнце уже ...-шло на западе.
20. Тебе надо ...-резать конец этой палки. Палка слишком длинная.
21. Эта работа плохо написана, вам надо её ...-писать.
22. Мы ...-ехали только до границы. Никто не хотел ...-ехать через границу.
23. Мой брат любит играть в карты. Вчера он ...-играл больше 50 долларов.

LESSON 33

Exercise 33.1 Translate the questions and then supply brief answers. Note the asterisks which indicate that the subject (underscored) should be placed at the end of the clause or sentence.

1. Whom did <u>Mila</u> meet (encounter) yesterday?*
2. Who's throwing (arranging) a party on Friday?
3. Whom did they invite to the party besides the gang (kids) from the institute?
4. What did Anya say about the fact that they invited an American? (о том, что 'about the fact that')
5. What does Mila say about this American? What is he interested in?
6. What present will <u>Anya and Mila</u> take to the party?*
7. What will <u>Mila</u> wear to the housewarming?*
8. Does Mila have lots of stylish dresses?
9. How about Anya, does she have a fashionable dress?
10. Is her brown wool dress suitable for the party? (Use ли.)
11. What does she say about poverty?
12. What doesn't Mila have?
13. What does Anya finally say about women's clothes (lit. rags)?
14. Are you glad to see (lit. rejoice in) spring weather?
15. Have you already decided what you will be doing during summer vacation?

Exercise 33.2 Translate the questions in the usual fashion, noting the use of asterisks to denote word order. Then supply brief answers.

1. Had Philip ever been in a Russian home before?
2. What did they serve him everywhere, vodka or tea?
3. What does he say about a samovar?

4. Why do people nowadays rarely drink tea from a samovar?
5. What did Russians formerly love to do on winter evenings?
6. Is "My Masha and I by the Samovar" really a song from the play 'The Three Sisters'?
7. What expression has Philip often heard but not quite understood?
8. What did <u>Misha</u> say about it?*
9. Does Anya agree that this concept is typically Russian?
10. Can one find Philistines among the Germans and French?
11. Whose short stories does Misha advise Philip to read?
12. How did this writer portray the Philistines in his stories?
13. Do you agree that Europeans know little about life in America?
14. What foreign languages besides Russian do you know?
15. Have you ever read 'The Three Sisters' by Chekhov?

Exercise 33.3 Variation drill. Replace the underscored items with the ones in slashes.

1. Аня с Мишей устраивают у себя вечеринку.
   /Мы, жена, новоселье/
2. Обязательно надо отнести им подарок на новоселье.
   /купить, Михаил, ко дню, рождение/
3. При иностранцах нельзя свободно разговаривать.
   /американцы, открыто, беседовать/
4. Пойдём на новоселье, повеселимся. /вечеринка, отнести подарок на новоселье/
5. Аня пойдёт в своём голубом шёлковом платье.
   /Мила, синий, шерстяной, костюм/
6. Анино ситцевое платье не годится на вечер.
   /Милин, шерстяной, юбка, танцы/ (Анино 'Anya's')
7. У Милы нет туфель на каблуках, но она не плачет.
   /моя жена, нарядное шёлковое платье, жаловаться/

8. Тётя Варя заплакала, когда услышала новость о смерти своего любимого писателя. /Дядя Коля, засмеяться, свадьба, старый друг/
9. Возьми с собой зонтик, может быть пригодится. /авоська - см. стр. 713, #5/
10. Вот красивая ткань на платье. /Она купила, материя, блузка/
11. Она ищет хорошую пару шёлковых чулок. /покупать, 2, шерстяной, перчатка/
12. Мила решила пойти на вечеринку в своём модном шерстяном костюме. /должна была, танцы, старое ситцевое платье/
13. В чём дело, Олег? Ты выглядишь таким грустным. /Нина/
14. Наши родители бедные, а их родители были ещё беднее. /богатый/
15. Ты уже выбросила вчерашнюю газету? /прочитать, сегодняшний/
16. Он готовится к завтрашнему экзамену. /Мы, беспокоиться, о/
17. Все радуются весенней погоде. /жаловаться на, зимний/
18. Уже начались осенние дожди. /летний, жара/

Exercise 33.4 Variation drill. Replace the underscored items with the ones in slashes.

1. Вы пьёте чай из стакана? -Да, это наш русский обычай. /с, молоко, английский/
2. Меня удивляет, что я нигде не видел русского самовара. /Я, удивляться, наш журнал "Америка"/
3. Раньше любили зимними вечерами беседовать, сидя за самоваром. /В 19-ом веке, разговаривать, у/
4. Вы знаете "Трёх сестёр" Чехова? /знаком с + пьеса/
5. Не обращайте на неё внимания, Филипп, она шутит. /он, валять дурака/
6. Это старый мещанский фокстрот, который был популярен в тридцатых годах. /французский, песня, сороковой/

7. "Мещанство" - это сложное понятие, хотя немного старомодно. /Самовар, полезный прибор/ (поле́зный прибо́р 'useful device')
8. Мещане есть и среди немцев, и среди французов, и вообще среди людей любой национальности. /Шпионы, русские, китайцы, граждане, каждый, страна/
9. Вы отошли от темы и не ответили филиппу на его вопрос. /отходить, отвечать + наст./ (наст. = настоящее время present tense (of both verbs).)
10. Читайте Зощенко. Он мастерски изображает мещан в своих рассказах. /Толстой, крестьяне, романы/ (крестьяне 'peasants')
11. Я только вчера прочитал этот рассказ. /прочесть, пьеса/
12. Оркестр играл ваш любимый вальс. /+ вдруг, заиграть, песня/
13. Европейские поезда не похожи на наши американские. /Японский, автомобили, советский/
14. Он перевёл этот рассказ с немецкого на испанский. /Она, пьеса, итальянский, китайский/
15. Он испанец, а его жена немка. /китаец, англичанка/
16. Откуда она, из Германии? -Нет, из Польши. /Япония, Китай/ (По́льша 'Poland')

Exercise 33.5 Read the passages in your textbook on p. 831 and then answer the questions in Russian. (Aleksandr Sergeevich Pushkin (1799-1837) is considered Russia's greatest poet. Molière (1622-1673) is the great French playwright.)

A.
1. На какой памятник смотрит Алёша, на памятник Мольеру или Пушкину?
2. Где Валя уже видела этот памятник, и что она о нём говорит?
3. О каком выражении думает Алёша, когда смотрит на этот памятник?
4. О ком это было сказано, о Пушкине или о Мольере?

5. Какие вещи вообще писал Мольер?
6. Что говорит Алёша о французских писателях?
7. Что наконец сказала Валя о русском гении Пушкине?

B.
1. Что читает Николай Павлович?
2. В первый ли раз он читает эту пьесу Чехова?
3. Вы согласны с другом Николая Павловича, который думает, что пьесы лучше смотреть, чем читать?
4. Что ещё писал Чехов кроме пьес?
5. Что говорит Николай Павлович о людях в пьесах и рассказах Чехова?
6. Почему Николай Павлович не согласен с другом, что Чехов типично русский?
7. Правда, что сочинения Чехова популярны только в западной Европе?

C.
1. Кто шёл по улице весенним утром?
2. Как она была одета?
3. Что делали мужчины, когда они её видели?
4. Когда она дошла до угла, что она решила сделать?
5. Какое движение было на улице?
6. Почему она вдруг остановилась на полпути через улицу?
7. Понимали ли люди, которые кругом стояли, что с ней случилось?
8. Что посоветовал ей милиционер, который подошёл к ней?
9. Что тогда сделала наша молодая красивая женщина?
10. Почему над ней засмеялись люди?
11. Кто автор этого рассказа?

Exercise 33.6 Study the section in your textbook on the short-form past passive participles ending in -ен/-ён on pp. 822-824. Note particularly the classes of verbs that take this suffix. Then change the following sentences from active ones to passive ones according to the given models. Note particularly the use of instrumental case to indicate the performer of the action of the passive sentences. Note that some of the sentences do not require that the performer of the action be mentioned. In sentences with subjectless third plural verbs, the conversion to passive is made by making the direct object of the active sentence the subject of the passive sentence. See items 7, 15, and 16.

Models: Господин Кук уже заполнил бланк.
  Бланк уже заполнен господином Куком.
  Ваш сын оставил это кресло.
  Это кресло было оставлено вашим сыном.

1. Тётя уже зажгла лампу.
2. Какой-то негодяй украл моё пальто.
3. Хороший переводчик скоро переведёт последние стихи этого поэта.
4. Толстой окончил "Войну и мир" во второй половине девятнадцатого века, в 1869-ом году.
5. Помощник директора проверит эти документы после обеда.
6. Кто испортил ваш проигрыватель?
7. Я слышал, что все билеты на концерт уже распродали.
8. В 1941-ом году немцы уничтожили наше село.
9. Этот молодой художник мастерски изобразил эту девушку.
10. Директор уже получил вашу телеграмму.
11. Моя жена испекла этот вкусный хлеб.
12. Филипп принёс этот интересный подарок.
13. Когда милиция отпустят этого старого вора?
14. Наш секретарь заметил эту ошибку.
15. Когда построили этот собор?
16. К пяти часам накормят животных.

142 / Modern Russian 2: Workbook

Exercise 33.7 Translate the sentences into Russian, using the short-form past passive participles. The past tense linking verb был, была, etc. is usually omitted in sentences using the English perfect, e.g., The money <u>has been</u> stolen.

1. This samovar is damaged (lit. spoiled, ruined).
2. These palaces were built in the 16th century.
3. This important matter has already been decided by the director.
4. I'm afraid that the money's been stolen.
5. The bill will be paid by Olya's husband. (счёт 'bill')
6. Your documents were checked by the secretary two weeks ago.
7. Alyosha was fascinated by the monument to Pushkin.
8. He was invited to the housewarming, but couldn't go.
9. The shirts will be cleaned in three days, no later.
10. The house was bought by my grandfather before the revolution. (революция 'revolution')

Exercise 33.8 Study the section on nationalities on pp. 824-826 and then complete the table, supplying the missing items. The first item is given in all its forms.

	Country	Male inhabitant	Female inhabitant	Adjective	Language
1.	Польша	поляк	полька	польский	по-польски
2.	...	...	...	английский	...
3.	...	...	...	...	по-японски
4.	Германия	...	...	...	...
5.	...	француз	...	...	...
6.	...	...	испанка	...	...
7.	Италия	...	...	...	...
8.	...	...	...	китайский	...
9.	...	русский	...	...	...
10.	США	...	...	...	...

Exercise 33.9 Translate the sentences into Russian, noting that only the names of countries are capitalized and that the only inhabitant name that is adjectival in form is 'Russian'. All other inhabitant names have noun form.

1. In France Tolstoy is usually read (they usually read Tolstoy) in French translation.
2. He's (a) Japanese, but his wife is (a) Chinese.
3. They're Europeans: he's French and his wife is German.
4. She's from Italy, but speaks fluent French (French fluently).
5. Where are you from? -I'm from France, but my wife is Spanish.
6. Do you speak Italian? -Yes, both Italian and German.
7. His latest novel has already been translated from Russian into English.
8. This car was made in Japan. It's a very popular Japanese automobile.

Exercise 33.10 Study the section on pp. 827-829 of your textbook which discusses secondary imperfectives formed on the basis of prefixed perfective verbs. Then write the following exercise, using the present tense form of the secondary imperfective verbs given in slashes. In addition, translate the sentences into English. Model: /заработать/ Сколько рублей в год вы <u>зарабатываете</u>? 'How many rubles a year do you earn?'

1. /переписать/ Что вы делаете? -Я ... это заявление на комнату.
2. /спросить/ О чём он ...? -О жизни во Франции в 18-ом веке.
3. /выкурить/ Сколько пачек папирос вы обычно ... в день?
4. /устроить/ Её муж всегда ... такие замечательные вечера.

5. /прописать/ Доктор как раз ... вам лекарство от простуды.
6. /распаковать/ Варечка, что ты делаешь? —Я ... чемоданы.
7. /остановиться/ В Москве туристы ... в гостинице "Россия".
8. /слить/ Что ты делаешь, Нина? —Я ... с молока сливки.
9. /просидеть/ Почему ты ... целый день перед телевизором?
10. /закрыть/ Что ты там делаешь? —Я ... форточку, тут холодно.
11. /осмотреть/ Где доктор Осипов? —Он сейчас ... больного.
12. /задержаться/ Её муж часто ... в Москве по делу.
13. /пришить/ Что делает Валя? —Она как раз ... пуговицу к пальто.
14. /переработать/ Я теперь очень занят, ... статью о бедности в Америке. (статья́ 'article')
15. /переделать/ Что это вы пишете? —Я ... свою домашнюю работу. Я сделал слишком много ошибок.
16. /допить/ Петя, давай погуляем! —Одну мичутку. Я как раз ... молоко.

Exercise 33.11 Review the section on the prepositional case, noting particularly the various meanings of the new preposition при in the models given on pp. 829-830. Then translate the sentences into Russian.

1. One can't talk freely with the children around. (lit. in the presence of children)
2. When did all that happen? —During Catherine's reign.
3. The cleaning lady lives right at the club.
4. It's dangerous to talk freely in front of foreigners.
5. Do you have her phone number on you?
6. My parents lived under both Lenin and Stalin.
7. What were you conversing about? —Nothing.

8. Let's sit awhile on this bench. I'm tired.
9. What's she going to wear to the party? (lit. In what will she go ...)
10. It was terribly cold at the rink.
11. Where were you? -In the woods. We were looking for mushrooms.
12. That happened while Andropov was still alive. (lit. yet during the life of Andropov)

Exercise 33.12 Review the special prepositional case forms in -ý/-ю́ (always stressed) in Lesson 22, pp. 570-571. Remember that they occur only with certain masculine стол- nouns and that they only are used with the prepositions в and на. Then complete the sentences, referring to the short glossary of new items following the exercise.

1. /час/ В котором ... вы приехали?
2. /год/ Когда это случилось, в прошлом ...?
3. /край/ Где-то на ... города сдаётся квартира.
4. /угол/ Они живут очень близко от нас, на ... нашей улицы.
5. /порт/ В ... я заметил очень большой пароход.
6. /лес/ Дедушка Алёша убил несколько волков в ....
7. /бой/ Бедный солдат был убит в ... под Сталинградом.
8. /рот/ Что это у тебя во ..., Петя? Не ешь этого!
9. /сад/ Где дети? -Они играют в лапту в ....
10. /круг/ Что делают ребята? -Они сидят в ... и весело беседуют.
11. /бал/ Где Наташа, всё ещё на ...? -Да, она любит танцевать.
12. /берег/ Дом отдыха находится на ... Чёрного моря.
13. /шкаф/ Не могу найти кашне. -Вот оно, в ....
14. /пол/ Кто оставил эти грязные вещи на ...?
15. /Крым/ Где вы обычно отдыхаете, в ...?
16. /рай/ Как тут красиво! Как будто мы в ...! (как будто 'as if')
17. /снег/ Помоги мне встать. Я весь в ....
18. /ряд/ Где ты любишь сидеть? -В первом ....

19. /Дон/ Он всю жизнь жил на ....
20. /пруд/ В этом ... есть рыба? —Да, много.

Glossary:
порт 'port, seaport'
бой 'battle'
круг 'circle'
бал 'ball, formal dance'
Крым 'the Crimea' (region in South Russia, in the Ukraine on the Black Sea)
рай 'paradise'
ряд 'row'
Дон 'the Don' (river region)
пруд 'pond'

Exercise 33.13 Translate the twenty sentences in Exercise 33.12 into English.

Exercise 33.14 Write ten sentences of your own, using the preposition о/об and the regular prepositional case endings. Make some of the nouns plural. Use the nouns given in Exercise 33.12.

LESSON 34

Exercise 34.1 Translate the questions into Russian in the usual manner, noting the use of asterisks to denote word order. Then supply brief answers.

1. Where had Volkov been all this time?
2. What did they send him to Central Asia for?
3. For what kind of people is there never any rest?
4. Which of them has put on weight?
5. What kind of meat did Volkov eat all the time when he was at the frontier?

6. Where does Khitrov suggest to Volkov to go in order to slim down?
7. On what kind of diet will he be put until he sheds the excess weight?
8. Where is Volkov thinking of going, to the Caucasus?*
9. Where is Khitrov himself planning to go?*
10. Why does Volkov invite Khitrov to his place this evening?
11. What does Khitrov say about the amount of news which has accumulated while Volkov was away?
12. Do you often go to the beach in summer?
13. What do you prefer, chicken, pork, or lamb?
14. Do you often eat beef?

Exercise 34.2 Translate the questions into Russian in the usual manner, noting the use of asterisks to denote word order. Then supply brief answers.

1. What was for dinner at Volkov's place, steak?
2. What does Khitrov say about the dumplings?
3. Is the maid a good cook (lit. Does the maid cook well?)* (Use ли.)
4. Why does Volkov suggest moving to the living room? What does the maid have to do?*
5. After Sonya spent some time at Mirgorod, where did she go?
6. Did Khitrov know about the health resort in Mirgorod? (Use ли.)
7. What Russian writer describes Mirgorod and its famous puddle, and how does he describe the puddle?
8. Why did they build a resort there?
9. Why is it said in Gogol that the puddle dried up?
10. When did they open a health resort there, before the revolution or after the revolution?
11. Do you ever order steak in a restaurant?

12. Do you like fresh vegetable salad (lit. salad out of fresh vegetables)?
13. Do you like cabbage salad (lit. salad out of cabbage)?
14. Do you often eat beef stew?

Exercise 34.3 Variation drill. Replace underscored items with the ones in slashes.

1. Волков <u>ездил</u> в <u>Среднюю Азию</u>, в <u>командировку</u>. /побывать, Крым, санаторий/
2. <u>Вам</u>, <u>ответственным работникам</u>, никогда нет покоя. /Мы, домработницы/ (домработница 'domestic, maid')
3. Почему <u>его</u> на <u>целину</u> посылают? /она, за, граница/
4. Там в <u>одном районе</u> не выполнили плана, нужно было подтянуть. /две, область/
5. А <u>ты</u>, <u>мягко выражаясь</u>, <u>пополнел</u>. /вы, откровенно говоря, похудеть/
6. <u>Я</u> всё время ел <u>баранину</u>, а она ведь страшно <u>жирная</u>. /мы, ветчина, солёный/ (солёный 'salty')
7. Если хочешь <u>похудеть</u>, поезжай в <u>санаторий</u>. /потолстеть, Средняя Азия/ (потолстеть = стать толстым)
8. В санатории <u>тебя</u> посадят на строжайшую диету, пока <u>ты</u> не <u>сбросишь</u> лишний вес. /Волков + прош., он + прош./
9. Я сам <u>собираюсь поехать</u> куда-нибудь в <u>дом отдыха</u>. /взять путёвку, Крым, курорт/
10. Откровенно говоря, мне надоело <u>тут сидеть</u>. /Между нами, работать + в + это отделение + почта/
11. <u>Она</u> расскажет мне <u>здешние</u> новости. /Хочу + чтобы вы, последний/
12. Довольно много <u>новостей</u> набралось, пока <u>тебя</u> не было. /письма, начальник/
13. Сколько весит этот <u>кусок мяса</u>? /батон, хлеб/ (батон 'long loaf')
14. Начальник <u>посоветовал</u> рабочим подтянуться. /хотел + чтобы/

15. В Крыму теперь много иностранных туристов.
    /На, пляж, сегодня, отдыхающие/
16. Туристы всё утро лежали на солнце и загорали.
    /Отдыхающие, песок/
17. Что вы возьмёте, свинину или ветчину? /заказать, говядина, курица/
18. Я сам предпочитаю курицу ветчине. /Она, баранина, говядина/

Exercise 34.4 Variation drill. Replace underscored items with the ones in brackets.

1. Эти <u>пельмени</u> были превосходнейшие! /жареная курица/
2. Жареная <u>утка</u> с <u>яблоками</u> - моё любимое блюдо. /гусь, апельсины/ (гусь m. 'goose')
3. Давай <u>перейдём</u> в <u>гостиную</u>, пусть домработница убирает <u>со стола</u>. /выйти, сад, квартира/
4. Так продолжай рассказывать о <u>курорте</u> в <u>Миргороде</u>. /Сонины родные, Полтава/[1]
5. Она поехала к родным <u>после</u> того, как побывала в <u>Миргороде</u>. /до, дом отдыха/
6. Соня поехала на курорт <u>после того, как побывала</u> у родных. /побывать, перед тем, погостить/
7. Ты помнишь знаменитую <u>лужу</u>, описанную <u>Гоголем</u>? /метель, Пушкин/
8. Почему-то у <u>Гоголя сказано</u>, что <u>лужа</u> высохла, может быть ради цензуры. /Замятин, написано, минеральный источник/[2]
9. <u>Минеральный источник</u> был <u>найден</u> как раз <u>перед</u> революцией. /Новая гостиница, построен, после/
10. <u>Только</u> при <u>советской власти</u> там открыли <u>курорт</u>. /Еще, Ленин, санаторий/
11. Этот писатель мастерски <u>описывает жизнь деревни до</u> революции. /изображать, деревенская жизнь, как раз перед/
12. Домработница <u>уже</u> убрала со стола. /скоро + буд./
13. Давай перейдём в <u>кухню</u>, там будет <u>уютнее</u>. /спальня, тише/

---

1. Poltava, a regional capital located about 200 miles southeast of Kiev, where Peter the Great defeated the Swedes in 1709.
2. Евгений И. Замятин (1884-1937) is the author of many innovative works, the most famous of which is his novel <u>We</u>, a Utopian novel which had a great influence on George Orwell's <u>1984</u>.

14. Перед тем как уехать, я поговорю с Соней.
    /уход, позвонить/
15. Они живут в узком переулке недалеко от главного почтамта. /на, широкая улица, гастроном номер два/
16. На второе блюдо я возьму битки в томате.
    /заказать, котлета по-киевски/ (котлета по-киевски 'Chicken Kiev')
17. Дайте мне кусок пирога с капустой. /порция, тушёное мясо/
18. Домработница сделает салат из свежих овощей.
    /приготовить, капуста/
19. На завтрак я обычно ем одно варёное яйцо.
    /папа, два/

Exercise 34.5 Read the passages on pp. 856-857 and then answer the questions in Russian.

A.
1. Кому Аня должна позвонить и зачем?
2. Что будет делать тем временем Федя?
3. Почему Федин секретарь не сговорился вчера с Орловым?
4. Что Аня советует Феде?
5. Если Орлов захочет, кем он может быть?
6. Понимает ли сам Федя, что он должен быть строже?
7. Кто из них начальник, Федя или Иванов?

B.
1. Согласен ли Николай, что Волков был плохим директором?
2. Каким он был директором?
3. В таком случае почему его послали на целину?
4. Какой орден он имеет?
5. Кто будет теперь у них директором?
6. Откуда Николай знает Хитрова? Где он с ним познакомился?
7. Почему нелегко узнать человека на курорте?
8. В чём уверен Николай?

C.
1. Что говорит Оля о картинах, которые висят в квартире Берёзовых?
2. Что думал Миша об этих "ужасных" картинах?
3. Кто прислал Берёзовым эти картины? Откуда?
4. В какой академии учится Вадим Берёзов?
5. О чём начали спорить Миша и Оля? Чего он не любит?
6. Чей брат художник, Олин или Мишин?
7. Как должен писать художник по мнению Оли? (мнение 'opinion')
8. Согласен ли Миша с этим?
9. Нравятся ли Мише картины Вадима Берёзова?
10. Почему он думает, что теперь ещё трудно сказать, станут ли Вадим Берёзов большим художником?

Exercise 34.6 Study the section on pp. 844-846 concerning subordinate clauses introduced by как, когда, and что. Then translate the sentences into idiomatic English, avoiding a literal rendering of these linking conjunctions as in the models on p. 844.

1. Мы любим смотреть, как обезьяны гоняются друг за другом.
2. Почему никто не услышал, как вор вошёл в спальню.
3. Я не могу дождаться, когда придёт посылка из-за границы.
4. Вы не заметили, как он ушёл?
5. Мы не ожидали, что они приедут так скоро.
6. Давай посмотрим, как кормят белых медведей.
7. Ты не слышала, когда она стучала в дверь?
8. Я жду, когда он напишет и сообщит последние новости из села.
9. Оля спала и не слышала, что Миша ушёл.
10. Давай послушаем, как она поёт эти новые цыганские 'gypsy' песни.

11. Я жду, когда они перестанут играть.
12. Никто не заметил, что бедная Лиза упала в реку.

Exercise 34.7 Translate the sentences, using subordinate clauses introduced by the conjunctions given in slashes.

1. We love to watch the girls swimming in the lake. /как/
2. Misha loves to listen to his wife sing Russian folk sings. /когда/
3. Didn't anyone see him steal the purse? /как/
4. I didn't notice you come in. Have you been here long? /что/
5. Valya doesn't even like to watch a cat catching a mouse. /когда/
6. I'm waiting for Sonya to phone. /когда/
7. Let's watch them feed the lions and tigers. /как/
8. I didn't expect the guests to leave so soon. /что/
9. The children can't wait for summer to come. /когда/
10. Nobody saw him fall from the bridge. /как/

Exercise 34.8 Study the section on 'while' vs. 'until' on pp. 846-849, noting that 'while' is generally used with ipfv verbs, whereas 'until' is used with pfv ones. Then complete the following sentences and translate them into English.

1. ... мы искали носильщика, поезд отошёл.
2. Прочтите этот рассказ, ... ещё есть время.
3. Не уходи, ... позавтракаешь.
4. ... ты будешь получать посылку, я куплю конвертов и открыток.
5. Подождите в зале ожидания, ... вернётся носильщик.
6. ... я здесь начальник, я за всё отвечаю.
7. Ты хорошо загорела, ... ты была на пляже.

8. Давай останемся на даче, ... перестанет снег.
9. Постарайся побольше спать, ... ты будешь в больнице.
10. Мы гуляли в лесу, ... устали.
11. Я подожду здесь на углу, ... откроется магазин.
12. Дождь перестал, ... мы спали.
13. Гости сидели в саду до тех пор, ... пошёл дождь.
14. Давайте посидим в моём кабинете 'study', ... домработница убирает квартиру.
15. Володя играл в карты, ... проиграл все деньги.

Exercise 34.9 Translate the sentences into Russian, noting carefully that not all of them call for пока and пока не.

1. I'll work until the secretary brings the mail (почта).
2. I'll work until five o'clock.
3. While she works she usually listens to the radio.
4. Read this letter while I look for an envelope.
5. Let's sit in the living room until the maid comes and begins to tidy up the apartment.
6. Let's move to the living room while the maid clears off the table.
7. While Misha and Philip played cards, the remaining guests talked about Russian literature.
8. That happened while you were in Central Asia.
9. Wait until the skirt dries. It hasn't yet dried out.
10. We lived in Leningrad until the revolution.

Exercise 34.10 Study the section on long-form past passive participles and their usage on pp. 849-851. Then complete the sentences, supplying the appropriate long-form participle. Model: Вы уже видели статью, напи́санную моей дочерью?

1. /заказать/ Вот билеты в театр, ... вами на прошлой неделе.
2. /написать/ Я сейчас читаю очерк, ... Григорием Волковым.
3. /купить/ Как тебе нравится шампанское, ... моим сыном?
4. /принести/ Вон там на столе есть вкусный торт, ... кем-то из твоего бюро.
5. /проиграть/ Лучше не будем говорить о ... деньгах.
6. /разлить/ Не стоит плакать из-за ... молока.
7. /построить/ Все говорят о новом курорте, ... недавно недалеко от Кисловодска.[1]
8. /испечь/ Попробуйте ... моей женой пирога с капустой.
9. /получить/ Он показал мне несколько марок, ... из Америки.
10. /отодвинуть/ Срок опять отодвинут? -Да, мы всё чаще и чаще читаем об этих ... сроках.

---

[1]. Kislovodsk (lit. 'sour water') is a famous health and pleasure resort town located on the northern slopes of the Caucasus Mountains. It is celebrated for its 'Narzan' mineral water.

Exercise 34.11 Change the sentences containing long-form past passive participles into ones containing a subordinate clause introduced by который, as in the model. Note that in some cases you will have to do a fair amount of rearranging the word order in the revised sentence. Model: Где со́бранные вами вчера грибы? Где грибы, которые вы вчера собрали?

1. Деньги, на́йденные Петей, вот здесь в ящике.
2. Кашне, забы́тое вашим мужем, вон там на кресле.
3. Вот пельмени, приготбвленные домработницей.
4. Покажи нам ку́пленную тобой в ГУМе блузку.
5. Разве кто-то потерял пбданное Ниной заявление?
6. На столе вы уиидите оста́вленные господином Куком документы.
7. Вы читали пьесу Солженицына, переведённую моим другом Алексеевым?
8. Ошибка, сде́ланная начальником, оказалась очень серьёзной.
9. Не стоит плакать из-за разби́того кем-то блюда.
10. Церковь, уничто́женная немцами, была построена в 14-ом веке.

Exercise 34.12 Read the section in your textbook on -ейший/-айший superlatives on pp. 851-854 and also other means of forming compound superlatives using наиболее and наименее. Then replace the phrases using compounds to ones using the simple superlative as in the models. Models: наибопее интересный роман vs. интереснейший роман; самая высокая гора vs. высочайшая гора.

1. самое вкусное блюдо
2. наибопее строгий начальник
3. самая новая песня
4. самая близкая почта
5. наибопее простые планы
6. самый верный способ
7. самое глубокое озеро

8. наибопее тонкая ткань
9. самый богатый человек
10. самый длинный путь

Exercise 34.13 Translate the sentences into Russian, using the simple superlative in those sentences marked with an asterisk. For the remaining sentences (those which indicate absolute superlatives), use compound forms.

1. This is the most delicious lamb!*
2. Comrade Volkov is the most important person here.
3. He's considered the dullest (most boring) writer!*
4. Petya is the least capable student in this group.
5. She's the stupidest woman!*
6. Out of all his novels the latest is the weakest.
7. That's a most dangerous notion!*
8. The "Rossiya" is the most expensive hotel in this part of the city.
9. They have the strictest rules at the sanatorium!*
10. Baikal is the deepest lake in the world.

Exercise 34.14 Study the section on conjunctive phrases on pp. 854-855, noting the contrast between simple preposition + noun vs. those introducing subordinate clauses to express the notions 'before' and 'after'. Then translate the following sentences into Russian.

1. That happened more than ten years before the revolution.
2. It happened just before the revolution began. (Use как раз.)
3. Phone me after the concert. I never go to bed before midnight.
4. I'll call you immediately after the concert ends.
5. Drop in after supper and we'll play chess.
6. Drop in after you eat supper.
7. After the war they came to America. They now live in Boston (Бостон).

8. He got sick after he drank several glasses of wine.
9. Before going away don't forget to close all the windows.
10. I knew him when he was a student, before he became an important executive.
11. Your mother called after you'd already left.
12. She'll call again tomorrow morning before you leave for work.

LESSON 35

Exercise 35.1 Translate the questions into Russian in the usual manner, noting the use of asterisks to denote word order and then answer them briefly.

1. Who was the letter for? (lit. To whom did the <u>letter</u> come?)*
2. What was in the envelope besides the letter itself?
3. Who was the <u>letter</u> from?* From where?
4. Why was it hard to recognize Zina in (lit. on) the snapshot?
5. How is Zina getting along in the taiga?
6. About (lit. on) what does she complain?
7. What's the temperature like during the winter in Siberia?
8. What did Vanya's father used to tell them about how (о том, как) they sold milk at the market?
9. Why does Boris think that he wouldn't survive such a climate?
10. And what's the summer like in Siberia? Do <u>winds</u> blow there?*
11. For what kind of people is the Siberian climate healthy?
12. What's the <u>weather</u> like today, is the <u>sun</u> shining?**
13. Have you ever been to the Far East?
14. Do you like windy <u>weather</u>?*

Exercise 35.2 Follow the usual procedures, translating the questions into Russian and then answering them briefly.

1. Who dropped in when Oleg and his friends were talking about the letter from Zina?
2. What does Philip say about salt mines in Siberia? Is he talking seriously?
3. What do they mine there, salt or gold?
4. Where is the <u>Trans-Baikal region</u> located? (See note 1, p. 866.)*
5. Where did Zina and her friends go to celebrate the New Year?
6. Why did it take two whole days to get there?
7. Were they riding on troikas or trucks?
8. Did Zina succeed in visiting Akademgorodok (Science City) as she had dreamed of doing?
9. Besides the library founded by the Decembrists, what else did she see in Irkutsk?
10. Besides the Russian language, what else had Philip studied at the university?
11. What famous poet was Boris quoting at the end of this conversation? (цитировать 'to quote')
12. What's the distance between Leningrad and Vladivostok? (about 6,000 miles)

Exercise 35.3 Variation drill. Replace underscored items with the ones in slashes.

1. Внутри <u>Зининого письма</u> было <u>что-то твёрдое</u>. /конверт, какие-то снимки/
2. Зина <u>была в</u> новой шубе и зимней шапке. /купить/
3. Она <u>жалуется</u> на то, что <u>мёрзнет</u> в Сибири. /+ прош., Арктика/
4. Ванин отец <u>часто бывал</u> в Сибири. /Борин, больше 5 лет, прожить, Дальний Восток/
5. Зимой там на <u>рынке</u> замороженное молоко просто лежит кусками на <u>прилавках</u>. /базар, столы/
(прилавка 'counter')

6. Я бы не выдержал такого климата. Я ненавижу холод. /Она, жизнь, Она, коммунизм/
7. Летом там часто дуют сильные ветры. /Зимой, вообще, не бывает/
8. В сущности говоря, климат там довольно здоровый. /Вообще, суровый/
9. Здесь по утрам часто бывают туманы. /вечера, лёгкие ветерки/ (ветерок 'breeze')
10. Я поеду в Крым в середине августа. /Средняя Азия, конец, сентябрь/
11. Как вам нравится наш сибирский климат? /пельмени/
12. В морском районе климат довольно влажный. /пустыни (pl.) + Средняя Азия, сухой/
13. Погода сегодня дождливая. /Небеса, пасмурный/
14. Какую погоду вы предпочитаете, дождливую или снежную? /дни, ветреный, туманный/
15. Летом в Сибири температура доходит до тридцати пяти градусов выше нуля. /Зимой, 45, ниже/

Exercise 35.4 Variation drill. Replace underscored items with the ones in slashes.

1. Зина описывает поездку в Иркутск. /готовиться к, Рига/[1]
2. Где находится Владивосток? —На Дальнем Востоке. /Иркутск, Недалеко от, озеро Байкал/
3. Разве в Сибири есть соляные шахты? /нет/
4. В степях Сибири роют золото. /горы, Забайкалье, добывать/
5. Мы ездили в Иркутск встречать Новый год. /устроить + поездка, Чикаго/
6. Из-за метелей мы ехали двое суток. /снежная погода, трое/

---

[1] Riga, a city of well over 2,000,000 population is located on the Gulf of Riga on the Baltic Sea coast and is the capital of Latvia, one of the fifteen Soviet Republics.

7. До революции люди в Сибири ездили на санях.
   /В, 19-ый век, тройки/
8. Отсюда до Иркутска -- это в полутораста километрах. /Минск, 200/[1]
9. Зине не удалось побывать в Академгородке, как она мечтала. /Филипп, Средняя Азия, он/
10. Мы побывали в библиотеке, основанной декабристами. /видеть/
11. Я изучал русскую культуру и историю в университете. /Моя дочь, + теперь + наст., язык, средняя школа/
12. Какой глубины это озеро? /высота, гора/
13. Дайте мне десяток яиц. /Купить, дюжина, яблоко/
14. На площади собрались сотни людей. /несколько + десяток, трудящиеся/
15. Вы надолго будете в нашем городе? -Нет, только на неделю. /гостиница, двое + сутки/
16. Как вы туда едете, на поезде? /по, железная дорога/

Exercise 35.5 Read the three passages on pp. 880-881 and then answer the questions in Russian.

A.
1. Кого Николай не ожидал встретить в Москве?
2. Что он слышал об Алексее?
3. Когда Алексей вернулся в Москву из Крыма?
4. Кого он встретил в санатории в Крыму?
5. Где теперь живёт и работает Хитров?
6. На что он жаловался больше, на морозы в Сибири или на своего начальника?
7. Какой человек начальник Хитрова?
8. Почему Хитров решил остаться на этом комбинате?
9. Как он срабатывается с остальными товарищами по работе?

---

1. Minsk is a city of about a million people located in the heart of the Belorussian republic, of which it is the capital. It lies about 150 miles east of the Polish-Soviet border.

B.
1. Какая была погода в тот день, когда Алёша собирался ехать в Москву?
2. Как он может попасть в Москву, если из-за метели не будут ходить поезда?
3. Когда началась метель?
4. Летают ли самолёты, когда бывает метель?
5. Какая температура была в тот день?
6. По предсказанию как холодно будет ночью?
7. Что, наконец, решил Алёша?
8. Где был Петя в это время, в школе?
9. Что он делал у своего товарища?

C.
1. Где Фёдор Васильевич провёл лето, в Академгородке?
2. Ему там было скучно? Почему нет?
3. Похожа ли жизнь в Арктике на здешнюю жизнь?
4. Что изучал Фёдор Васильевич, живя в Арктике?
5. Что он говорит о некоторых из живущих там птиц?
6. Куда теперь он возвращается?
7. Когда он будет в Академгородке?

Exercise 35.6 Study the section on ipfv verbal adverbs on pp. 869-870 of your textbook, and then supply the correct forms marking their <u>stress</u>. Remember that except for those ipfv verbal adverbs formed from verbs in -ава́ть, they are based on the present tense stem. Cf. сове́товать : : сове́туя, but дава́ть :: дава́я.

1. смотреть
2. уметь
3. любить
4. читать
5. знать
6. держать
7. интересоваться
8. ложиться
9. описывать
10. бриться
11. узнавать
12. учиться
13. идти
14. жить
15. мыться
16. гулять
17. думать
18. собираться

Exercise 35.7 Complete the sentences, using ipfv verbal adverbs, and also translate the sentences into English. Remember that the action of the verbal adverb is simultaneous with that of the verb in the main clause and that both actions are understood to be performed by the same subject. Model: Что изучал Фёдор Васильевич, <u>живя</u> в Сибири? 'What was Fyodor Vasilievich studying <u>while living</u> in Siberia?'

1. /гулять/ ... в парке вчера утром, мы встретили Орловых.
2. /убирать/ ... со стола, новая домработница уронила два стакана.
3. /вставать/ Ты можешь это достать с полки даже не ....
4. /слушать/ Как ты можешь заниматься, ... радио!?
5. /подъезжать/ ... к берегу моря, вы увидите новый дом отдыха недалеко от санатория.
6. /подозревать/ Она слышала мужа, ничего не ....
7. /бояться/ Почему-то ... экзамена, Наташа решила сидеть дома.
8. /рассказывать/ ... о том, что случилось на базаре, Любовь Петровна вдруг заплакала.
9. /продавать/ Этот мальчик видит много интересного, ... газеты на перекрёстке.
10. /чувствовать/ ... себя всё хуже и хуже, Соня наконец вызвала доктора.
11. /передвигать/ Он чуть не сломал себе руку, ... мебель.
12. /возвращаться/ ... домой после школы, Петя нашёл десять рублей на улицу перед своим домом.
13. /ожидать/ Не ... гостей, мы легли спать.
14. /узнавать/ Не сразу ... старого человека у двери, я наконец понял, что он должен быть моим новым соседом.
15. /замечать/ Мы медленно шли по дороге, почти не ... дождя.

Exercise 35.8 Study the material on collective or 'set' numbers on pp. 872-874. Note particularly that when they serve as subject of the sentence, the verb is treated as neuter singular. Then translate the sentences into Russian. Use су́тки for 'days and nights'.

1. There were four of us, one boy and three (little) girls.
2. How many of you will there be? -There'll be three of us.
3. We'll need a room for three.
4. How many children do they have? -They have two children.
5. I have two watches. -Will you sell me one watch?
6. Two of us need travel permits.
7. The guests arrived in (on) three sleighs.
8. Will you be with (at) us for long? -For six (days and) nights.
9. Zina was in Irkutsk four (whole) days.
10. There were three of us, but two were sent to the Far East.

Exercise 35.9 Study the section on present active participles on pp. 874-878, noting that they derive only from ipfv verbs and are formed on the basis of the present tense stem. In the following exercise you are to rewrite the sentences, using a form of кото́рый plus the regular verb as in the model.

Model: В СССР ма́ло иностра́нных журнали́стов, <u>говоря́щих</u> по-ру́сски.
  В СССР ма́ло иностра́нных журнали́стов, <u>кото́рые говоря́т</u> по-ру́сски.

1. Вы зна́ете де́вушку, <u>живу́щую</u> в э́той кварти́ре?
2. Посмотри́ на э́того ребёнка, <u>игра́ющего</u> в песке́.
3. Где по́езд, <u>иду́щий</u> во Владивосто́к?
4. Где самолёт, <u>летя́щий</u> в Ки́ев?
5. Вот наш ма́стер спо́рта, <u>трениру́ющийся</u> на катке́.

6. Надо сообщить пассажирам, <u>е́дущим</u> в Крым, что поезд опоздает на сорок пять минут.
7. Не говорите с людьми, <u>слу́жащими</u> в американском посольстве.
8. Молодой парень, <u>сидя́щий</u> в первом ряду, немного похож на моего сына.
9. Спросите у девушки, <u>собира́ющей</u> билеты. Может быть, у неё есть театральные программы.
10. Таня! Эти вещи, <u>лежа́щие</u> на полу, твои или Петины?
11. Посмотрите на <u>лежа́щих</u> на пляже туристов.
12. Ты видишь людей, <u>гуля́ющих</u> в парке? -Да, вижу. Это Орловы.
13. Мы часто разговариваем с двумя девушками, <u>занима́ющимися</u> в библиотеке.
14. Большинство студентов, <u>уча́щихся</u> в этом институте, приехало из Африки.

Exercise 35.10 In this exercise you are to replace the который clause with a present active participle, as in the model. Observe particularly that participles must agree with their antecedent noun not only in gender and number, but also in case. In addition, translate the revised sentences into English.

Model: Нам придётся найти гида, <u>который знает</u> английский язык.
Нам придётся найти гида, <u>знающего</u> английский язык.
'We'll need to find a guide knowing the English language.'

1. Ты видишь старую женщину, <u>которая продаёт</u> мороженое?
2. Поезд, <u>который идёт</u> в Арха́нгельск, отходит через полчаса.[1]

---
[1]. Archangel (Arkhangel'sk) is a city far north of Moscow on the White Sea at the mouth of the Dvina River, with a population of some 300,000.

3. Вы знаете людей, которые живут в квартире против лифта?
4. Я уже познакомился с несколькими аспирантами, которые учатся в этом институте.
5. Женщина, которая играет на рояле, моя тётя.
6. Я не завидую людям, которые работают на этом мясокомбинате.
7. Улицы полны людей, которые встречают Новый год.
8. О ком вы говорите? —О студентах, которые сейчас занимаются в библиотеке.
9. Профессор Курочкин всегда помогает студентам, которые готовятся к экзаменам.
10. Посмотрите на птиц, которые купаются там в луже.
11. Вы знакомы с певицей, которая поёт эти новые русские песни?
12. Вы знаете молодого парня, который танцует с вашей дочерью?
13. Подойдите к милиционеру, который стоит там на углу, и спросите его, как пройти на Красную площадь.
14. Не верьте людям, которые говорят, что наше посольство полно шпионов.
15. Они напрасно пригласили к себе американца, который изучает русский язык теперь в Ленинграде.

Exercise 35.11 Study the list of participles which function as nouns or adjectives on pp. 877-878. Then translate the sentences into Russian. (Do not translate the word 'people' literally.)

1. How many vacationers were at the beach today?
2. -I don't know. I saw at least 200 bathers in the water this afternoon.
3. This car (coach) is for nonsmokers. Car number ten is for smokers.
4. At the terminal you'll see both people meeting people and people seeing people off. And, of course, people waiting.
5. Ask that tall postal employee where one can buy envelopes.

6. Are your parents believers? -Mother is a believer, but father is a nonbeliever. They're both nondrinkers.
7. Next year I'll finish school and the following year I'll enroll in teacher's college.
8. My father was a prominent (outstanding) doctor.
9. I never buy perishables, I have no refrigerator.
10. It's hard to find an appropriate present for mother.

Exercise 35.12 Study the section on the special numbers 1½ and 150 on pp. 878-880, then translate the sentences into Russian.

1. We lived there one and a half years.
2. We'll be in Moscow one and a half weeks.
3. That happened 150 years ago.
4. At the dance there were about 150 people.
5. We've already covered (gone) more than one and a half miles.
6. Lend me at least a cup and a half of sugar.
7. She went to the market with 150 rubles in her purse.
8. A hundred and fifty tourists need visas.
9. The village is located 150 kilometers from Moscow. (Use в + prepositional case.)
10. The film lasted about an hour and a half.

LESSON 36

Exercise 36.1 Translate the questions into Russian in the usual manner, noting the use of asterisks to denote word order. Then answer the questions briefly as appropriate.

1. What's the <u>date</u> today?*
2. What was the date in our conversation?
3. Where is <u>Philip</u> soon leaving for?*
4. Who's sorry that Philip will soon return to New York?
5. Why is Philip silent? Is it easy for him to part with his Moscow friends?
6. What advice does <u>Galya</u> give Philip?*
7. What Soviet poet wrote the lines (verses) which <u>Philip</u> quotes?* (цити́ровать 'to quote')
8. How often does Philip promise to write?
9. Where will he begin to write?
10. Why did Philip change his mind about flying? (...give up the idea of flying?)
11. Is it cheaper to fly or go by steamship? (Use ли.)
12. In what row do you usually sit at lectures, the first, the last or somewhere in the middle of the auditorium?

Exercise 36.2 Translate the questions into Russian and then answer them briefly as appropriate. Note the use of asterisks to denote word order.

1. From whom did a <u>letter</u> come?*
2. Where was Philip when he wrote the letter?
3. What was Philip grateful to Galya and Nicholas for?
4. What had they given him for the trip and how did it help him?
5. Is it easy to get hold of such a valuable early edition of Zoschenko's stories?
6. Whose idea was it, Galya's or Kolya's?

7. Describe Philip's mood at first. What happened after he read a few stories by Zoschenko?
8. What do they always arrange on shipboard so (in order) that passengers don't get bored?
9. What does Philip write about the concert?
10. What tune (melody) did the orchestra begin playing when the dance began, "Dark Eyes" or "Moscow Nights"?
11. After dancing a bit, where did Philip go? Was he seasick?*
12. What does Nicholas say about cultural exchange?

Exercise 36.3 Variation drill. Replace underscored items with the ones in slashes.

1. Какое сегодня число? —Сегодня первое мая. /29-ое, апрель/
2. Скоро тебе уезжать назад в твой Нью-Йорк. /он, свой, Москва/
3. Мне самому жаль, что Филипп уезжает. /Сама Галя, ты/
4. Я обещаю писать, как можно чаще. /заниматься, больше/
5. Ехать пароходом дешевле, и мне спешить некуда. /самолёт, быстро + срав., у меня, мало, время/ (Срав. = сравнительная степень. Use the comparative degree of the adverb.)
6. Я с вами свяжусь по телефону. /Они, я, + прош./
7. Он поздоровался со всеми и сел на лавку. /Молодая пара, диван/
8. Мы предпочитаем сидеть в первом ряду. /Некоторые студенты, любить, последний/
9. Мне некого было спросить. /Он, + буд., приглашать/ (For the construction used in items 9-12, see pp. 901-903.)
10. Вам некого бояться. /Ты, нечего/
11. Ему не с кем играть. /Мы, разговаривать/
12. Мне нечем бриться. /Школьники, писать/ (школьник 'schoolchild')

13. Я думал, что он рассердится, а он, наоборот, обрадовался. /она, заплакать, она, засмеяться/
14. Мне так жаль Галю. Она не выдержала экзамена. /Я, завидовать, уже, все экзамены/
15. Вы миллионный человек, который получил этот орден. /тысячный, студентка, премия/ (пре́мия 'prize')

Exercise 36.4 Variation drill. Replace underscored items with the ones in slashes.

1. Как я вам благодарен за то, что вы дали мне эту книгу. /Благодарю вас, мы, подарок на новоселье/
2. Спасибо за то, что вы дали мне на дорогу эту книжку рассказов Зощенко. /Я очень благодарен, стихи, Пушкин/
3. Благодаря этой книжке я не скучал. /вы, мы/
4. Это было ценное раннее издание Чехова. /бесценный, картина Рембрандта/ (бесце́нный 'priceless')
5. После нашего прощания, у меня было тоскливое настроение. /встреча, весёлый/
6. Читая Зощенко, он мало-помалу развеселился. /+ Пока он + прош., Филипп, не мог удержаться от смеха/ (удержаться от смеха 'to help laughing!')
7. Какая-то толстая женщина играла на рояле. /высокий, музыкант, скрипка/
8. Оркестр заиграл "Подмосковные вечера". /Кто-то, запеть, "Пусть всегда будет солнце"/[1]
9. Даю слово больше не касаться этого деликатного предмета. /+Я, обещать, тема/
10. У него, очевидно, морская болезнь. Я ему сочувствую. /Галя, вероятно, она/
11. Потанцевав немного, он пошёл к себе в каюту. /+ После того как она, Галя/

---
1. "Let There Always Be Sunshine" is the name of an extremely popular Soviet song of the sixties.

12. Освежившись под душем, он почувствовал себя лучше. /+ После того как сна, Галя/
13. Сразу по приезде в Нью-Йорк, он отправил ей письмо. /после того как он приехал, Одесса, посылка/
14. Будь по-твоему, тебя не переспоришь! /Пусть будет, по-вашему, вы/ (Both variants mean the same thing: 'Have it your way.')
15. У нас в общежитии есть телевизор. /они, красный уголок, нет/
16. Я обещал зайти к ним перед тем как уезжать. /Она, я, отъезд/
17. Я должен зайти на телеграф, чтобы отправить домой телеграмму. /почта, денежный перевод/ (дéнежный перевод 'money order')

Exercise 36.5 Read the two passages on pp. 906-907 and then answer the questions in Russian.

A.
1. Кому завидует Коля?
2. Почему он ему завидует?
3. Может ли Филипп ездит, куда и когда хочет? Почему нет?
4. Живя в России, легко ли ездить, куда хочешь?
5. Почему у Коли сегодня такое плохое настроение?
6. Когда Филипп собирается приехать опять в Советский Союз?
7. Что они советуют друг другу?
8. К какому времени Коля должен будет выучить английский язык?

B.
1. Почему Тамара была рада, что сам Вадим подошёл к телефону?
2. Почему Вадим радуется, что его сестра ему позвонила?
3. Какая у Тамары новость?
4. Какие соревнования у них были вчера?
5. Кто занял первое место на соревнованиях?
6. Чего теперь боится Вадим?

7. Что Тамара советует Вадиму делать после работы?
8. Что обычно делает Вадим, придя с работы домой?
9. Чем теперь интересуется Вадим, спортом или музыкой?
10. На каком музыкальном инструменте он играет?
11. С кем он иногда играет вместе на рояле?
12. Почему Вадим ничего не имеет против, если Тамара скажет Свете об этой девушке, с которой он играет на рояле?
13. Что Вадим просит Тамару сказать Свете?
14. Какие у Тамары уже планы к его приезду?

Exercise 36.6 Study the section on formation and usage of the pfv verbal adverbs on pp. 893-896. Then rewrite the sentences, substituting pfv verbal adverbs for the underscored phrases and finally, translate the revised sentences into English. Model: Когда Таня получила двойку на экзамене, она расплакалась. Получив двойку на экзамене, Таня расплакалась. 'Having got a 'D' on the exam, Tanya burst into tears.'

1. После того как он потанцевал немного, он пошёл к себе в каюту.
2. Когда она кончила свою работу, она легла спать.
3. Как только я прочитала твоё письмо, я развеселилась.
4. После того как он освежился под душем, он начал чувствовать себя гораздо лучше.
5. Когда она разделась, она заметила дырку в юбке.
6. Как только она вернулась из парка, бабушка начала убирать комнату.
7. Если поживёшь там несколько месяцев, ты не захочешь возвращаться в город.
8. Наташа вошла в комнату и ни с кем не поздоровалась.
9. Посетители уехали ночью и ни с кем не попрощались.

10. Что он сказал, когда он просмотрел новое расписание?
11. Как только они познакомились, они сразу начали говорить о политике. Было ужасно скучно!
12. После того как она испекла торт, мама начала играть на балалайке.¹
13. Так как мы опоздали на самолёт, мы должны были ждать три часа в аэропорту.
14. Как только он приехал в Нью-Йорк, Филипп сразу бросил письмо в ближайший почтовый ящик.
15. Мы открыли бутылку шампанского и /мы/ выпили за её приезд.
16. Если ты примешь душ, не забудь открыть форточку.

Exercise 36.7 Review the uses of the ordinal numbers on pp. 896-899 and then complete the sentences, using them where appropriate. Then translate the sentences into idiomatic English.

1. На каком этаже вы живёте, на ... (3rd) или ... (4th)?
2. Какое сегодня число, ... (the 7th)? —Нет, ... (the 8th).
3. ... (On the 15th) июня наша группа уезжает в Советский Союз на ... (2 months).
4. Когда это случилось, в ... ('39) году? —Нет, в ... ('40) году.
5. Когда вы вернулись с дачи? —Очень поздно, во ... (between 1:00 and 2:00) часу ночи.
6. Который сейчас час? —Сейчас ... (20 past nine).
7. Нашему сыну тогда шёл ... (between 12th and 13th, i.e., he was 12) год.
8. Далеко ли до границы? —Да. Мы проехали приблизительно ... (one fifth) пути.

---

1. Балала́йка 'balalaika', a three-stringed instrument with a triangular body and guitar-like neck used in playing Russian and Ukrainian folk music.

9. Обед был превосходный. На ... (main (2nd))
   /блюдо/ была жареная курица.
10. —А что было на ... (dessert (3rd)) /блюдо/?
    —Мороженое.
11. Автор этого учебника родился ... (on the 25th)
    марта, тысяча девятьсот ... (21) года.
12. Такие идеи были популярны в ... ('80's) годах
    прошлого века.
13. В каком номере вы останавливаетесь? —В ...
    (400, lit. 400th) номере.¹
14. Вы ... (1000th) человек, который получил эту
    премию.
15. Сколько будет ... (2/5ths) и ... (3/10ths)?
    Это будет ... (7/10ths).
16. Уже ... (past 7:00) час? —Да, уже ... (ten
    past seven).

Exercise 36.8 Review the special pfv verbal adverbs
which have the -я/-а endings typical of impfv verbal
adverbs. They are discussed on pp. 899-901 of your
textbook. Change the sentences as in the model, and
then translate the revised sentences into English.
Model: Она вошла в комнату и сразу заметила новый
ковёр на стене. Войдя в комнату, она сразу заметила
новый ковёр на стене. 'On entering the room she
immediately noticed a new rug on the wall.'

1. Когда она прочла телеграмму, мать начала горько
   плакать. (го́рько 'bitterly')
2. Он сошёл с трамвая и пересел на сорок четвёртый
   автобус.
3. Так как Борис не нашёл работы в Одессе, он
   решил поехать в Полтаву.
4. После того как я пришёл домой, я сел за стол и
   начал писать длинное письмо товарищу Горбачёву о
   культурном обмене.

---
   1. Russians typically use the ordinal number
in identifying hotel rooms, streetcars, and
public conveyances in general.

5. Наташа принесла скрипку на вечеринку и /она/ начала играть скучнейшие французские романсы. Почти все гости вышли на балкон. (балко́н 'balcony')
6. Как только он вышел на улицу, ему пришло в голову, что он вероятно оставил свой бумажник на прилавке в магазине. (прилавка 'counter')
7. После того как он отвёз гостей на вокзал, он вернулся в бюро.
8. Как только мы нашли свои места, мы сели и начали писать экзамен.
9. Он провёл лето на дальнем севере и /он/ полюбил жизнь в Арктике.
10. Как только она перевела этот длинный роман на русский язык, Наташа поехала на юг в санаторий.
11. Иван Иванович подошёл ко мне и /он/ начал говорить какую-то глупость о шпионах на пароходе.
12. После того как я прошёл несколько кварталов, я вдруг вспомнил, что обещал жене остаться сегодня дома.

Exercise 36.9 Study the section on the negative pronouns and adverbs used in dative + infinitive constructions, all of which begin with the stressed negative prefix не́-. They are discussed on pp. 901-903 and must not be confused with the double negative ни- forms treated in Lesson 20. Now translate the sentences into Russian, being careful to distinguish between the two types of negative sentences.

1. I'm bored, there's nobody here for me to talk to. Nobody talks to me.
2. There's nothing for you to fear. I myself fear nothing.
3. There was nowhere for me to sleep. I didn't see a bed anywhere (Nowhere did I see a bed).
4. I'm not going anywhere, I've nowhere to go.
5. You never play chess with your son. I'm too busy, I've no time.

6. You wrote nothing? -There was nothing to write about.
7. Didn't you call anybody? -There was no one to call (phone).
8. You consulted no one? -There was no one to consult.
9. You mean you played with no one on the beach? -There was no one to play with.
10. You ate nothing all day? -There was nothing for us to eat.

Exercise 36.10 Study the section on pp. 903-906 dealing with past active participles, and then rewrite the following sentences, converting clauses using который + active verb to participial constructions, and vice versa. Then translate them into English.
Models: Девочка, нашедшая вашу сумку, живёт внизу на втором этаже. Девочка, которая нашла вашу сумку, живёт на втором этаже.

1. Ты знаешь блондинку, которая раньше сидела в первом ряду?
2. Молодой инженер, недавно женившийся на Оле, скоро поедет на Кавказ.
3. Я не завидую молодому рабочему, который пожаловался на начальника.
4. Вы знакомы с поэтом, который написал эти замечательные стихи?
5. Спросите у студентов, которые только что вернулись из Франции.
6. О ком ты говоришь, о Наде? -Нет, о подруге, учившейся два года назад в Италии.
7. Вы знакомы с людьми, раньше жившими в нашей квартире?
8. Вчера на вечере я познакомился с актрисой, которая играла роль Ирины в пьесе "Три сестры".
9. Вы разве не слыхали о молодой женщине, которая раделась перед Белым домом?

10. Спортсмен, тренировавшийся на катке, как-то упал и сломал себе руку.
11. Ты знаешь пожаловавшуюся на меня старую женщину?
12. Отец дал рубль носильщику, который принёс наш багаж.
13. Любовь рассердилась на детей, которые засмеялись, когда она уронила сумку в лужу.
14. С кем вы познакомились на вечере? —С одной красивой француженкой, которая недавно приехала в институт.
15. Шофёр, привёзший нас с вокзала в гостиницу, очень обрадовался, когда я дал ему три рубля.

www.ingramcontent.com/pod-product-compliance
Lightning Source LLC
Chambersburg PA
CBHW031956080426
42735CB00007B/414